Inhaltsverzeichnis

Vorwort

Liebe Erzieher*innen,

der Sommer ist eine wunderschöne Jahreszeit, in der es vieles zu entdecken und zu erleben gibt. Ob es die Pflanzenwelt mit ihrer bunten Blütenpracht oder die Welt der Tiere ist, die Natur bietet uns eine breite Fülle an Schönheiten und erstaunlichen Phänomenen. Der Sommer lädt ein, sich draußen zu bewegen und die Natur mit allen Sinnen zu erfahren. In diese Zeit fällt auch der Familienurlaub, in dem die Kinder viele ganz neue Eindrücke sammeln können: Sei es barfuß durch den Sand laufen, eine Wasserschlacht im Planschbecken, Muscheln sammeln am Strand, eine wunderschöne Blumenwiese betrachten oder einer Ameise dabei zusehen, wie sie ein Stückchen Apfel zu ihrem Bau schleppt. Aber auch Kindern, die zuhause bleiben, bieten sie vielfältige neue Erfahrungen und aufregende Entdeckungen. Kinder lieben es, sich in der freien Natur zu bewegen, sie zu riechen, zu fühlen, zu schmecken, zu sehen und zu hören. Und gerade der Sommer und das sonnige Wetter bieten vielfältige Möglichkeiten, dies auch zu tun.
Die bunte Tierwelt, die wunderschöne Welt der Pflanzen, der gespannt erwartete Sommerurlaub, die Faszination „Sonne“, aber auch der Abschied der Schulanfänger und die Vorfreude auf die Schule – all dies sind Themen, mit denen sich die vorliegende Projektmappe beschäftigt.

Sie bietet Ihnen zahlreiche, praktisch erprobte Anregungen, mit Hilfe derer Sie den Kindern die Jahreszeit „Sommer“ näherbringen können. Dabei werden alle Bildungsbereiche angesprochen, sodass das Projekt, unter Berücksichtigung der verschiedenen Bildungs- und Erziehungspläne, in allen Bundesländern durchgeführt werden kann. Die Angebote sind dabei ihrem jeweiligen Schwerpunktbereich zugeordnet – diese Zuordnung ist jedoch nicht starr und je nach Zielsetzung der Erzieherin können einzelne Aktivitäten auch verschiedene Bildungsbereiche abdecken.
Alle Aktivitäten beinhalten eine Materialliste, ausführliche Spielanleitungen und ggf. Varianten für ältere oder jüngere Kinder sowie Kopiervorlagen. Sämtliche Angebote sind so ausgewählt, dass sie mit der Altersgruppe von 2- bis 6-jährigen Kindern durchführbar sind.

Weitere Themen, die sich im Sommer anbieten, sind zum Beispiel „Wasser“, „Luft“ oder auch „Erde“. Diese Themen sind als separate Projekthefte beim BVK Buch Verlag Kempen GmbH erschienen und können bei Bedarf als Ergänzung zum Thema „Sommer“ dienen.

Ich wünsche Ihnen und Ihren Kindern viel Spaß mit dem Projekt „Sommer“!

Jenny Hütter

Hinweis:
Aus Gründen der besseren Lesbarkeit wird im Folgenden auf eine sprachliche Differenzierung der Geschlechterbezeichnungen verzichtet. Da die Erzieher*innen in Kindertagesstätten zumeist weiblich sind, haben wir uns hier für die weibliche Form entschieden. Selbstverständlich sind stets alle Geschlechter angesprochen.

Vorbemerkungen und Arbeitshinweise

Zu den verwendeten Symbolen

Bildungsbereiche (jeweils das äußerste Symbol oben rechts auf den Arbeitsblättern):

 Sprachliche Bildung

 Musikalische Bildung

 Ästhetische Erziehung

 Umwelt-, Sach- und Naturbegegnung

 Gesundheit und Ernährung

 Mathematische Bildung

 Feste und Feiern

 Wahrnehmung und Entspannung

 Körpererfahrung und Bewegung

 Sozialerfahrungen

Sonstige Symbole:

 geeignet für die Begabtenförderung

 für unter 3-Jährige geeignet

Layout:

- Die Seiten mit den **Blumen und Schmetterlingen** im Layout unten rechts sind für die Erzieher*innen gedacht.

- Die Seiten mit der **Biene** unten rechts sind Arbeitsblätter, die direkt mit den Kindern bearbeitet werden können.

Wissenswertes zum Thema „Sommer“

Insekten:
Bremsen, Mücken, Stechfliegen usw. können uns im Sommer ganz gehörig auf die Nerven gehen. Da ist es gut, wenn man sich ein wenig mit diesen Tierchen auskennt, denn dann weiß man auch, wie man sich vor eventuellen Insektenstichen schützen kann.

Fliegen sind recht harmlose Insekten, die uns nicht stechen. Sie sind hauptsächlich von April bis Oktober aktiv und ernähren sich von organischen Substanzen. Sie spielen eine große Rolle für unsere Böden, da die Fliegen, vor allem ihre Maden, am Abbau von Laub und Tierkadavern beteiligt sind. Trotz des Nutzens sollte man nicht vergessen, dass sie auch sehr leicht Krankheiten übertragen können (s. auch „Insekten als Krankheitsüberträger“ auf S. 33). Um Fliegen fernzuhalten, sollte man keine geöffneten Lebensmittel oder Getränke herumstehen lassen. Den Geruch von Tomatenpflanzen, Katzenminze oder Geranien mögen Fliegen nicht. Auch eine mit Gewürznelken gespickte Zitrone hilft gegen die kleinen Plagegeister.

Zecken gehören zu den Milben und sind kleine Spinnentiere. Sie lauern oft auf Pflanzen und halten sich dort mit den Hinterbeinen fest, um sofort auf Mensch oder Tier überzuspringen, sobald dieser / dieses sie berührt. Dann beißen Zecken zu, verankern sich mit ihrem Mundwerkzeug in der Haut und saugen das Blut aus. Dies kann, je nach Zeckenart, von 30 Minuten bis zu mehreren Tagen oder Wochen andauern. Erst wenn sich die Zecke sattgefressen hat, lässt sie sich abfallen. Zecken bevorzugen Körperstellen, die feucht, warm und gut durchblutet sind. Auch eine dünne Hautstelle ist ein Auswahlkriterium für einen Zeckenstich. Besonders beliebt beim Menschen sind die Kniekehle, die Leistengegend, der Haaransatz und Stellen hinter den Ohren.

Vorbemerkungen und Arbeitshinweise

Die Zecke ist bekannt dafür, dass sie Krankheiten überträgt (Borreliose, Hirnhautentzündung), deshalb sollte man bei Wald- und Wiesenspaziergängen darauf achten, dass die Haut mit Kleidung bedeckt ist. Sollte man dennoch gebissen worden sein, darf die Zecke nicht einfach herausgezogen werden, da sie sich mit ihren Widerhaken am Mundwerkzeug regelrecht in die Haut hineingebohrt hat. Zum Entfernen gibt es spezielle Zeckenzangen, vorsichtshalber sollte auch ein Arzt aufgesucht werden. Gegen Zecken hilft ein Duftbeutel mit Pfefferminze und Gewürznelken (s. S. 56) – dieser ist aber keine Garantie gegen einen Zeckenbiss!

Bienen sind sehr nützliche Insekten, da sie uns mit Honig versorgen und eine wichtige Rolle bei der Bestäubung von Pflanzen spielen. Es gibt viele verschiedene Bienenarten. Die wohl bekanntesten sind die *Honigbienen,* die, ähnlich wie die Ameisen, in großen Staaten leben. Sie leben in einem Bienenstock, in sogenannten Waben. Dabei handelt es sich um von den Bienen selbst produzierte Wachsplatten mit sechseckigen Zellen, in denen sich die Larven entwickeln und in denen Vorräte gesammelt werden. Die Bienenkolonie hat, genau wie die Kolonie der Ameisen, eine genaue Arbeitsaufteilung. Die Königin ist für das Eierlegen zuständig, die männlichen Drohnen (die übrigens keinen Stachel besitzen) haben die Aufgabe, sich mit der Königin zu paaren. Die Arbeiterinnen dagegen besitzen einen Stachel und verteidigen ihr Heim mitunter auch sehr aggressiv. Ihre Aufgaben hängen vom jeweiligen Alter ab: 1 – 3 Tage alt sind sie verantwortlich für den Hausputz und halten die Waben sauber. 4 – 13 Tage alt sind sie dafür zuständig, den Bienennachwuchs und die Königin mit Nahrung zu versorgen. 14 – 16 Tage alt sind sie für den Bau neuer Waben zuständig. 17 – 19 Tage alt verteidigen sie den Bienenstock vor ihren Feinden. Ab dem 20. Tag schließlich sammeln sie Pollen, Nektar und Wasser.
Mit dem Gift in ihren Stacheln können sich die Bienen hervorragend verteidigen. Der Nachteil für die Biene besteht allerdings darin, dass der Stachel durch einen Widerhaken im Körper des gestochenen Menschen steckenbleibt. Dadurch verliert die Biene den größten Teil ihres Hinterleibes und stirbt.
Um Stiche zu vermeiden, sollte man sich von Bienenstöcken fernhalten, damit die Bienen einen nicht für einen Angreifer halten. Kommt die Biene einem Menschen zu nahe, sollte dieser Ruhe bewahren, stillhalten und Mund und Augen schließen. Meistens fliegen die Bienen dann schnell wieder weiter. Falls man dennoch gestochen werden sollte, muss der Stachel mit einer Pinzette entfernt werden. Besondere Vorsicht ist bei Allergikern geboten, hier ist sofort ein Arzt aufzusuchen. Um zu vermeiden, dass einem die Bienen zu nahe kommen, sollte man darauf achten, keine geöffneten Lebensmittel herumstehen zu lassen. Vor allem Süßes wie Limonaden und Süßigkeiten zieht Bienen an.
Ebenfalls zu den staatenbildenden Bienen gehört die **Hummel.** Ihr Staat besteht allerdings aus deutlich weniger Tieren als der der Honigbiene. Auch die Arbeiterinnen der Hummel können stechen. Sie haben aber nur einen schwach ausgebildeten Stechapparat, der nur selten in die menschliche Haut eindringen kann, da diese zu widerstandsfähig ist. Hummeln sind allerdings auch deutlich weniger aggressiv als die Honigbiene.

Wespen sind (zumindest die meisten Arten) ebenfalls staatenbildende Insekten. Ihre Nester bauen sie beispielsweise in unterirdischen Mäuse- oder Maulwurfbauten, auf Dachböden, in Rollladenkästen oder in anderen dunklen Hohlräumen. Es gibt aber auch Arten, die ihre Nester in Hecken oder Bäumen aufhängen. Dabei ist die Größe ihres Staates sehr unterschiedlich. Die bei uns am meisten gefürchtete *gemeine Wespe* kann einen Staat aus mehreren tausend Tieren bilden. Wie bei den Bienen gibt es auch in den Wespenstaaten eine genaue Arbeitseinteilung.
Wespen ernähren sich von zuckerhaltigen Pflanzensäften, Nektar, Steinfrüchten oder Pollen. Einige wenige Arten fressen auch im erwachsenen Stadium Insekten. Die Larven aller Wespen werden mit Insekten oder anderem tierischen Eiweiß gefüttert. Was vor allem die gemeine Wespe so gefährlich macht, ist, dass sie von unseren Nahrungsmitteln, besonders den stark zuckerhaltigen, angelockt wird und sich auch nur sehr schlecht vertreiben lässt. Vor allem die gemeine Wespe ist sehr aggressiv. Sie verfügt nicht über einen Widerhaken an ihrem Stachel und kann folglich beliebig oft zustechen. Bei ihrem Stich werden zudem Duftstoffe freigesetzt, die andere Wespen anlocken und zum Angriff animieren.
Wespen mögen den Geruch von Zitrone, Lavendel, Basilikum und Salmiak nicht. Lebensmittel sollten immer gut abgedeckt werden. Nach Möglichkeit sollten keine Süßigkeiten, Obst oder süße Getränke herumstehen, denn das lockt die Wespen noch mehr an.

Vorbemerkungen und Arbeitshinweise

Zu den Wespen zählen auch die **Hornissen.** Diese bilden kleinere Staaten und sind deutlich weniger aggressiv. Durch ihren längeren Stachel ist ihr Stich nur etwas schmerzhafter als der einer kleineren Wespe.

Bremsen sind lästige blutsaugende Insekten, die schmerzhafte Stiche hinterlassen. Dabei können sie mit ihren großen Mundwerkzeugen auch durch Kleidung hindurchstechen. Bremsen werden vom Schweiß der Menschen angezogen. Es ist jedoch nur das Weibchen, das Blut saugt, die Männchen begnügen sich mit Nektar. Gegen Bremsen helfen Gerüche von Pfefferminze, Zedernöl, Nelkenöl, Basilikum oder Geranien, die nach Zitrone duften. Auch Tomatenpflanzen sollen sie fernhalten.

Zu den bekanntesten einheimischen **Mücken**arten zählen wohl die **Stechmücken** und die **Schnaken.** Weibliche Stechmücken gehören zu den Blutsaugern. Sie benötigen die Proteine des Blutes für die Eierproduktion. Schnaken hingegen sind keine Blutsauger. Mücken sind besonders in der Dämmerung und nachts stechfreudig. Mücken lieben außer zuckerhaltigen Pflanzen auch jede Form von Gewässer. Deshalb sind Gebiete, in denen es viele Teiche oder Seen gibt, stärker von Mückenplagen betroffen als beispielsweise Stadtgebiete. Der Grund dafür, dass manche Menschen häufiger gestochen werden als andere, besteht darin, dass Mücken die Milchsäure im Schweiß schwitzender Menschen riechen können. Je höher der Milchsäureanteil, desto lieber wird er „angezapft". Um Mücken fernzuhalten, sollte man darauf achten, dass im Sommer keine Wassergefäße auf Balkon oder Terrasse stehen. Auch zuckerhaltige Lebensmittel wie Limonaden, Süßigkeiten usw. ziehen die kleinen Blutsauger an. Bestimmte Pflanzen dagegen werden von Mücken weniger gemocht, dazu gehören beispielsweise Tomatenpflanzen, Pfefferminze, Salbei oder in Zitronenhälften gesteckte Nelken.

Stechfliegen sehen der Stubenfliege sehr ähnlich, können allerdings stechen. Sie sind hauptsächlich von Juni bis Oktober aktiv. Im Gegensatz zur Mücke stechen sowohl die Männchen als auch die Weibchen. Stechfliegen hält man sich auf dieselbe Art und Weise wie Mücken vom Leibe.

Ameisen leben immer in großen Ameisenstaaten mit bis zu einer Million Tieren zusammen. Sie bauen gemeinsam große Ameisenhaufen, die sogar einen Meter hoch sein können. Diese bestehen aus unterirdischen Kammern und Gängen. Die ausgehobene Erde sowie Tannen- oder Fichtennadeln werden zum Schutz des Nestes darüber angehäuft. Manche Arten nagen auch Gänge in Baumstämme, um dort ihre Nester anzulegen. Ameisen haben in ihren Staaten eine genaue Arbeitsteilung. Einige Ameisen sind für die Verteidigung zuständig, andere für die Futterbeschaffung, für die Sorge um den Nachwuchs, für den Nestbau … Außerhalb des Baus orientieren sich die Ameisen vor allem an ihrer Duftspur. So finden sie mühelos zu ihrem Bau zurück bzw. zeigen den anderen Ameisen den Weg zu einer besonders guten Futterquelle (s. auch „Die geheimnisvolle Ameisenspur" auf S. 34). Ameisen fressen zum Beispiel Früchte, Samen, andere Insekten und verschiedene Pflanzenteile. Um Ameisen aus der Wohnung oder von der Terrasse fernzuhalten, sollte man keine Lebensmittel herumstehen lassen. Wenn trotzdem Ameisen auftauchen, helfen Duftbeutel mit Zimt, Lavendel, Thymian oder Rosmarin (s. S. 56). Diese stark riechenden Pflanzen / Gewürze werden von den Ameisen nicht gemocht.

Sonnenbrand und Sonnenstich:
So sehr wir an warmen Sonnentagen die Sonnenstrahlen genießen, so sehr müssen wir aufpassen, denn sie können auch schädlich sein. Sonnenstrahlen setzen sich aus Infrarot-Strahlen (Wärme), aus sichtbarer Strahlung (Licht) und aus ultravioletter Strahlung (UV-A, UV-B und UV-C) zusammen. Die UV-C-Strahlung wird normalerweise durch die Ozonschicht abgefangen.
UV-B-Strahlen bewirken, dass unsere Haut das sogenannte Melanin produziert. Dieser natürliche Hautschutz sorgt dafür, dass unsere Haut leicht gebräunt erscheint. Die Bräune setzt langsam ein, hält aber relativ lange an. Wenn man sich allerdings zu lange und / oder ungeschützt den Sonnenstrahlen aussetzt, können die UV-B-Strahlen einen Sonnenbrand erzeugen.
UV-A-Strahlen bewirken keine Melanin-Produktion in der Haut und sorgen für eine schnelle Hautbräunung, die allerdings nicht lange anhält.

Vorbemerkungen und Arbeitshinweise

Setzen wir unsere Haut zu lange den Sonnenstrahlen aus, bewirkt die UV-Strahlung eine schmerzhafte Entzündung der Haut, die sich durch Rötungen, Bläschenbildung und Juckreiz bemerkbar macht (Sonnenbrand). Wiederholte Sonnenbrände führen zu einem drastisch erhöhten Risiko für Hautkrebs!
Bei einem Sonnenstich wird die Hirnhaut durch die Sonneneinstrahlung gereizt. Dies führt zu Kopfschmerzen, Übelkeit und Schwindel.
Kinder sind den Gefahren der Sonne noch stärker ausgesetzt, weil der natürliche Schutzmechanismus ihrer Haut noch nicht vollständig ausgebildet ist. Deshalb sollten Kleinstkinder (während des ersten Lebensjahres) überhaupt nicht der direkten Sonne ausgesetzt werden und auch in den Jahren danach nur möglichst wenig. Kinder sollten in der Sonne stets Kleidung tragen, die sämtliche Hautstellen bedeckt (inkl. Sonnenhut mit Nackenschutz). Zudem sollte bei der Auswahl der Sonnencreme auf einen hohen Lichtschutzfaktor geachtet werden. Kinder sollten mindestens 30 Minuten, bevor es nach draußen geht, eingecremt werden. Zwischen 11:00 und 15:00 Uhr, wenn die Sonnenstrahlung am stärksten ist, sollten die Kinder besser im Kindergarten oder zumindest im Schatten spielen.

Tipps und Anregungen zu den einzelnen Angeboten

Zum Umgang mit den Arbeitsblättern:

Diese Projektmappe enthält auch einige Arbeitsblätter, deren Aufgabenstellung Sie mit den Kindern in Kleingruppen besprechen (vorlesen) müssen.
Für die Aufbewahrung der Arbeitsblätter empfehle ich, je nach Gruppensituation und organisatorischen Bedingungen, verschiedene Möglichkeiten:

- Ablagefächer (alternativ unifarben gestaltete Deckel von Kopierpapierkartons). Die Kinder haben so freien Zugriff auf die darin sortierten Arbeitsblätter und können ihre Aufgaben selbst auswählen.
- Jedes Kind verfügt über einen Schnellhefter, in den die Erzieherin regelmäßig nach Alter und Entwicklungsstand ausgewählte Arbeitsblätter (z. B. zwei Arbeitsblätter pro Woche) einheftet oder gemeinsam mit dem Kind aussucht. Die Kinder wählen die Zeit der Bearbeitung entweder frei oder es gibt festgelegte Zeiten, innerhalb derer das Kind seine Arbeitsblätter bearbeiten kann.
- Die fertiggestellten Arbeitsblätter werden im Schnellhefter oder in einer Sammelmappe / einem Sammelordner abgeheftet bzw. gehören als Anlage zur Bildungsdokumentation oder zum Portfolio.

Zu „Rhythmikeinheit zum Thema ‚Der Sommer'", S. 21 – 23:

Die Rhythmikeinheit hat das bekannte klassische Musikstück von Antonio Vivaldi „Die vier Jahreszeiten – der Sommer" zum Thema. Es ist Teil der Gesamtkomposition „Opus 8" mit dem Titel „Das Wagnis von Harmonie und Erfindung" und erschien 1725. „Der Sommer" (L'Estate) ist ein etwa 10-minütiges Stück, das aus drei Sätzen besteht (1. Allegro non molto 3/8 in g-Moll, 2. Adagio c in g-Moll und 3. Presto 3/4 in g-Moll). Passend dazu gibt es ein erklärendes Sonett (Gedicht), das wahrscheinlich von Vivaldi selbst geschrieben wurde, und in der Rhythmikeinheit als Klanggeschichte kindgerecht den Inhalt des Musikstückes darstellt. Klassik-CDs mit Vivaldis Komposition „Die vier Jahreszeiten" bekommt man günstig im Fachhandel und sind auch im Internet, zum Beispiel auf YouTube, zu finden.

Allgemeine Information zu den Bastelarbeiten im Bereich „Ästhetische Erziehung", ab S. 25:

Fotografieren Sie die Materialzusammenstellung und jeden einzelnen Arbeitsschritt. Kleben Sie die ausgedruckten Fotos mit der Auflistung der Materialien bzw. mit der dazugehörigen schriftlichen Arbeitsanweisung auf DIN-A5-Karten, nummerieren Sie die Karten in der richtigen Reihenfolge und laminieren Sie diese. So erhalten Sie bebilderte Karten, die Ihre Kinder zum selbstständigen Arbeiten motivieren.

Zu „Selbst hergestellte Pflanzenfarbe", S. 33:

Folgende Pflanzen und ihre Bestandteile eignen sich für die Herstellung:
Gelb: Rhabarberwurzeln, Rapsblüte, Sonnenblume (Blüte), Möhren
Rot: Rote Beete, Rotkohl, Rose, Kirsche
Blau / Violett: Brombeeren, Holunderbeeren, Kornblume, schwarze Johannisbeere
Grün: Brennnesseln, Spinat, Brombeerblätter
Braun: Zwiebelschalen

Vorbemerkungen und Arbeitshinweise

Zu „Sonnenuhr", S. 35:
Die Erde dreht sich innerhalb von 24 Stunden einmal um die eigene Achse. Die Sonne bleibt an ihrem Platz stehen. Durch die Erddrehung bekommt man aber den Eindruck, dass die Sonne, und damit auch das Licht, von Osten nach Westen wandert. Damit „wandert" natürlich auch der Schatten, der entsteht, wenn Licht auf einen Gegenstand fällt.

Zu den Rezepten im Bereich „Gesundheit und Ernährung", ab S. 37:
Achtung: Bitte achten Sie bei allen Rezepten auf eventuelle **Lebensmittelunverträglichkeiten** der Kinder. Zu einigen Rezepten finden Sie auf der Seite 44 Bilder mit allen bei diesen Rezepten verwendeten Zutaten und Haushaltsgeräten sowie Pfeilen, mit deren Hilfe Sie die Rezepte bei Bedarf als großes Plakat gestalten können. Vergrößern Sie dazu die benötigten Zeichnungen auf dem Kopierer. Mit den vorhandenen Bildern können Sie auch Bildrezepte auf einem DIN-A4-Blatt erstellen, für jedes Kind kopieren und in einem Schnellhefter sammeln. So erhalten die Kinder eine eigene Bild-Rezepte-Mappe.

Zu „Salbe herstellen", S. 37:
Bei der Herstellung der Cremes wird Schweineschmalz verwendet, weshalb dieses Angebot ggf. nicht mit islamischen und jüdischen Kindern durchgeführt werden sollte. Am besten besprechen Sie die Herstellung der Cremes generell vorab mit den Eltern. Dabei sollte auch gefragt werden, ob die Cremes für das Kind verwendet werden dürfen (auch hinsichtlich eventueller Allergien).
Wirkungsweise verschiedener Pflanzen:
Ringelblume: hilft bei Hautentzündungen und kleinen Wunden, bei Sonnenbrand und Blutergüssen
Sauerampfer: hilft gegen Brennen und Jucken (z. B. bei Brennnesselbläschen)
Kamille: hilft bei Erkältungen, fördert die Wundheilung

Zu „Gesunde Durstlöscher", S. 40–41:
Die Wirkung verschiedener Pflanzen (ohne Gewähr und ohne Anspruch auf Vollständigkeit):

- *Brennnesseln (möglichst die zarten Blätter von der Pflanzenspitze):* wirken entwässernd, helfen gegen Blasen- und Nierenentzündungen, bei Erkältungen und Sodbrennen
- *Fenchelsamen:* helfen bei Blähungen
- *Holunderblüten:* wirken schweißtreibend und sind gut gegen Erkältungen
- *Ingwerwurzel:* hilft bei Erkältungen, stärkt die Abwehrkräfte
- *Kamillenblüten:* helfen bei Bauch- und Halsschmerzen, gut bei Verdauungsstörungen
- *Melisse:* wirkt beruhigend und entzündungshemmend, hilft bei Migräne und Erkältungen
- *Pfefferminze:* beruhigt den Magen, hilft bei Grippe und Durchfall
- *Ringelblume:* hilft bei Sonnenbrand, Verstopfung, Kopfschmerzen und Gallenbeschwerden
- *Rosenblüten:* helfen bei Kopfschmerzen und regen die Verdauung an

Wichtig: Milch, Limonade und unverdünnter Fruchtsaft sind als Durstlöscher nicht geeignet!

Allgemeine Informationen zu dem Bereich „Feste und Feiern", ab S. 51:
Im Sommer gibt es einige (religiöse) Themen, die sich zur weiteren Bearbeitung anbieten. Dazu gehören:
Die *Sommersonnenwende* hat sehr alte, heidnische Wurzeln und kennzeichnet den Zeitpunkt, an dem die Sonne am weitesten vom Äquator entfernt liegt (21. Juni). Es ist der längste Tag und die kürzeste Nacht des Jahres. Dieser jahreszeitliche Wendepunkt hatte früher eine sehr große Bedeutung, deren Bräuche (z. B. ein großes Feuer) eine gute Ernte herbeiführen sollten.
Am 24. Juni ist der christliche *Johannistag.* Er gedenkt des Geburtstags von Johannes dem Täufers, der Jesus im Jordan taufte. Auch dieser Tag wird häufig mit Feuern, den sogenannten Johannisfeuern, in Verbindung gebracht. Ein Sprung über ein solches Feuer soll vor Krankheiten schützen. Auch Blumen und Kräuter stehen in Verbindung zu diesem Tag. Eine namentliche Verbindung gibt es beispielsweise zur Johannisbeere und zum Johanniskraut. Zudem gibt es zum Beispiel das Ritual, an diesem Tag Blumen und Kräuter zu pflücken, um daraus einen Kranz (Johanniskranz / Johanniskrone) zu binden und ihn vor das Haus zu hängen. Er soll vor bösen Geistern schützen.

Vorbemerkungen und Arbeitshinweise

Mariä Himmelfahrt am 15. August. Es ist das wohl älteste bekannte Marienfest und feiert das Fest der Aufnahme Marias in den Himmel. Auf der anderen Seite wird es aber auch mit Kräutern in Verbindung gebracht. Vielerorts werden Kräuter zu Sträußen gebunden, in der Messe geweiht und zu Hause aufgehängt, zum Beispiel um Haus und Hof vor Krankheiten zu schützen. Dies ist vor allem in Bayern oder Österreich der Fall, wo Maria Himmelfahrt ein gesetzlicher Feiertag ist. Kräuter, die hier Verwendung finden, sind zum Beispiel Beifuß, Baldrian, Eisenkraut, Schafgarbe, Johanniskraut, Kamille oder Thymian. Woher das Brauchtum der Kräuterweihe kommt, ist unklar. Es wird gesagt, dass sich an Marias leerem Grab Kräuter befanden.

Weitere Ideen für die Sommer-Olympiade (ab S. 51):

Eine Ausstellung oder ein Verkaufsstand mit folgenden Dingen:
Schüttelglas „Meereszauber“ (S. 26), Sonnenuhr (S. 35), Salbe herstellen (S. 37), Kräutersalz (S. 38), Marmelade aus Sommerfrüchten (S. 43), Duftbeutel gegen Insekten (S. 56)

Eine Cafeteria, in der folgende, selbst hergestellte Lebensmittel verkauft werden:
Erdbeereis (S. 39), Gesunde Durstlöscher (S. 40)

Mögliche Aktionen zu Beginn oder zum Abschluss des Festes:
Bewegungsimprovisation zu Vivaldis „L'Estate“ (S. 22), Lied: Wir Fröschelein (S. 24)

Spielaktionen während des Festes:
Einen Sonnenschutz basteln (S. 27), Malen mit der selbst hergestellten Farbe (S. 33), Nisthilfe für Insekten anfertigen (S. 34), Schatzsuche (S. 46) …

Vorbemerkungen und Arbeitshinweise

Zu „Welche Früchte erntest du im Sommer?“, S. 31:

Obst:	**Ernte:**
Apfel	August – Oktober
Birne	August – Oktober
Brombeere	Juli – September
Erdbeere	Mai – August
Heidelbeere	Juli – August
Himbeere	Juli – August
Holunder	August – Oktober
Johannisbeere	Juli – August
Kirsche	Juni – August
Mirabelle	Juli – September
Pflaume	Juli – Oktober
Stachelbeere	Juni – August
Walnuss	September – November
Weintraube	August – Oktober

Gemüse:	**Aussaat Frühbeet / Gewächshaus:**	**Aussaat draußen:**	**Ernte:**
Blumenkohl	ab März	ab Mitte Mai	Juni – Oktober
Brokkoli	ab März	ab Mitte Mai	Juni – November
Chinakohl	ab März	Juli – August	September – November
Erbsen	ab Februar	Mitte März – Juli	Juni – September
Grünkohl	ab März	Mitte Mai – Juli	November – Februar
Gurke	Mitte April	ab Mai	Juli – September
Kartoffel	Mitte März	Ende Mai	Juni – November
Knollensellerie	März – Mai	Mai – Juni	Oktober – November
Kohlrabi	Mai – März	Mai – Juli	Mai – September
Kürbis	Mitte März	Mitte Mai	September – November
Mais	Mitte März	April	September – Oktober
Möhre	ab Februar	März – Mai	Juni – November
Paprika	Februar – März	April – Mai	Juli – Oktober
Pilze	Februar – März	ab März	September – November
Porree / Lauch	März – April	April – Juli	Juli – November
Radieschen	ab Februar	März – September	Mai – Oktober
Rhabarber	ab Februar	September – Oktober	April – Mai
Rosenkohl	ab März	April – Mai	Oktober – Januar
Rote Beete	ab April	Mai – Juni	September – Januar
Rotkohl	März – April	Mai	August – Februar
Salat	ab März	April – September	Mai – Oktober
Spargel	März – April	ab Mai	Mai – Juni
Spinat	Januar	März – Mai / August	März – Mai /August
Stangenbohne	Januar	Mai – Juli	Juni – Oktober
Stangensellerie	März – April	Mai – Juni	Juli – September
Tomate	März	ab Mitte Mai	Juli – September
Weißkohl	ab März	April – Juni	Juni – November
Zucchini	März – April	ab Mitte Mai	Juni – Oktober
Zwiebel	März – April	März – Mai	Juli – Oktober

Bei der Auflistung ist zu beachten, dass die jeweiligen Pflanz- und Erntezeiten je nach Region und Witterung bzw. bei einzelnen Obst- und Gemüsesorten variieren können.

Schnapp dir die Karte (1) (ab 4 Jahren, für 2 – 4 Spieler)

Material:
Geschichte (s. u.) oder Sommerrätsel (s. S. 11), Bildkarten zur Geschichte oder zum Sommerrätsel (Vorlagen s. S. 12 – 13), Stifte, evtl. 1 Laminiergerät und -folie, 1 Schere

Vorbereitung:
Die Bildkarten werden einmal kopiert und farbig angemalt. Zur besseren Haltbarkeit können sie laminiert werden. Je nach Schwierigkeitsgrad können alle Bildkarten verwendet werden oder nur die Bildkarten zur Geschichte / zu den Sommerrätseln.

Spielregeln:
Die Mitspieler sitzen um einen Tisch herum oder auf dem Boden in einem Kreis. Die Spielleitung nimmt entweder die Geschichte oder die Rätsel zur Hand. Alle Bildkarten zu den in der Geschichte / den Rätseln vorkommenden Früchten werden in der Mitte verteilt. Die Spielleitung liest die Geschichte (oder die Rätsel) vor. Wenn die Kinder eine Frucht, die in der Geschichte (einem Rätsel) vorkommt, entdecken, greifen sie blitzschnell nach der Karte. Die erbeutete Karte dürfen sie vor sich liegenlassen. Wer am Ende die meisten Karten erbeuten konnte, hat das Spiel gewonnen.

Geschichte: Der Spaziergang

Es ist ein schöner Sommertag. Joe will mit seinem Hund spazierengehen. Das macht er immer, wenn er aus der Schule kommt. Er geht immer den gleichen Weg: Aus der Haustür heraus und rechts herum, am *Kirsch*baum vorbei, an der Ampel über die Straße, an den *Apfel*bäumen vorbei und schon ist er in den Feldern. Zuerst kommt er an einem *Kohlrabi*feld vorbei. Der *Kohlrabi* ist gerade erst gepflanzt worden, die Pflanzen sind noch ganz klein. Am Rand des Feldes sind jede Menge *Himbeer*sträucher zu sehen. Leider sind die Früchte noch ganz grün. Sie brauchen noch etwas Zeit, bis sie reif sind.

Hinter dem Feld biegt Joe nach links ab und kommt zum *Spargel*feld. Hinter den *Stachelbeer*sträuchern geht es wieder links herum. Hier fangen die Gärten aus der Siedlung an. Joe findet es klasse, was es in den Gärten alles zu entdecken gibt. Seine Familie hat leider keinen Garten, nur einen Balkon. Aber auf dem hat sein Vater dieses Jahr zum ersten Mal eine *Tomaten*pflanze eingetopft. Joe hat den Samen erst in der Wohnung in einen kleinen Topf eingepflanzt. Dann ist ein zartes Pflänzchen daraus gewachsen. Vor drei Wochen hat Joe die Pflanze mit seinem Vater zusammen in einem größeren Topf auf den Balkon gesetzt. Joe ist schon ganz gespannt, ob er auch wirklich bald ernten kann. Gewachsen ist die Pflanze auf jeden Fall und man sieht auch schon die ersten grünen *Tomaten*früchte.

Hier in den Gärten haben einige Leute ganz viel Gemüse gepflanzt. Vor allem Frau Sieders Garten, mit dem *Möhren*beet, den *Radieschen* und dem *Salat,* hat es Joe besonders angetan. Er kennt keinen, der so viel Gemüse auf einmal in seinem Garten stehen hat. Auch der *Blumenkohl* von Frau Sieder ist immer sehr lecker. „Hallo Joe“, ruft da Frau Sieder, „ich bin gerade dabei, den *Rhabarber* zu ernten. Es ist so viel, möchtest du ein bisschen *Rhabarber* mitnehmen? Ihr könntet ein leckeres Kompott daraus machen.“ „Au ja, gerne“, freut sich Joe. Frau Sieder ist klasse, da bekommt er öfter etwas aus dem Garten, weil sie und ihr Mann gar nicht so viel essen können, wie im Garten wächst. Hinter den Gärten geht es wieder über die Straße, an ein paar Häusern vorbei und schon ist Joe wieder zu Hause.

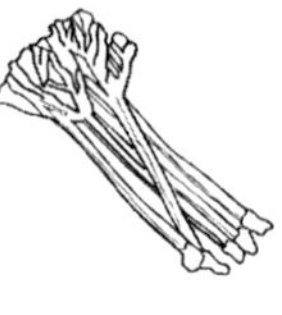

Schnapp dir die Karte (2) **(ab 4 Jahren, für 2 – 4 Spieler)**

Sommerrätsel

- Welche Frucht ist klein, schwarz und ziemlich weich?
  Diese Frucht wächst an einem Strauch. Sie besteht aus mehreren kleinen Kügelchen.
  → *die Brombeere*

- Auf welcher Uhr kann man nur bei schönem Wetter die Zeit ablesen?
  → *auf der Sonnenuhr*

- Wenn man dieses Gemüse schneidet, tränen einem oft die Augen.
  → *die Zwiebel*

- Der Baum trägt im Frühjahr ein wunderschönes weißes / rosafarbenes Blütenkleid.
  Welche Frucht wächst im Sommer daran?
  → *die Kirsche*

- Wer hat einen Kamm und kämmt sich nie?
  → *der Hahn*

- Welcher Stock hat nichts mit einem Baum oder einem Strauch zu tun?
  → *der Bienenstock*

- Der Strauch hat etwas, das auch Igel haben. Allerdings pikst die Frucht nicht, wenn du hineinbeißt.
  → *die Stachelbeere*

- Es ist ganz zart und herrlich bunt und seine Form ist kugelrund.
  → *die Seifenblase*

- Sieht aus wie eine Beere und heißt auch so, gehört aber eigentlich nicht zu den Beeren.
  Sie ist rot und rund, mit einem grünen Schopf.
  → *die Erdbeere*

- Morgens ist er lang, mittags kurz, abends am längsten und in der Nacht gar nicht da.
  → *der Schatten*

- Diese Beeren, klein und rund, passen wohl in jeden Mund.
  Es gibt sie in den drei Farben: Rot, Schwarz und Weiß.
  → *die Johannisbeere*

- Sie brennt bei Tag und Nacht und doch verbrennt sie nie.
  → *die Brennnessel*

Bildkarten für die Geschichte

BVK • Jenny Hütter: Kita aktiv „Projektmappe Sommer“

Bildkarten für die Sommerrätsel

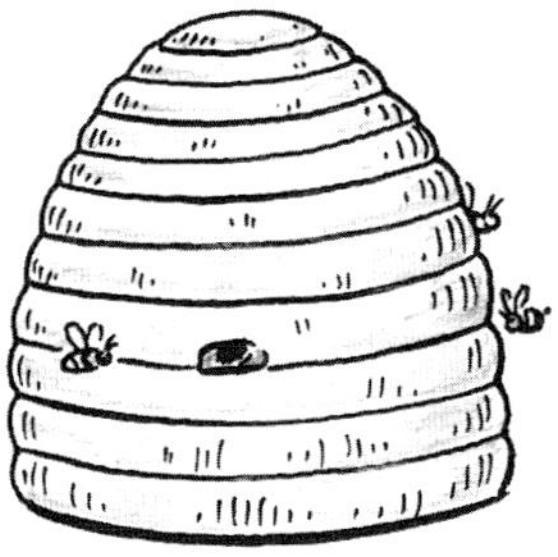

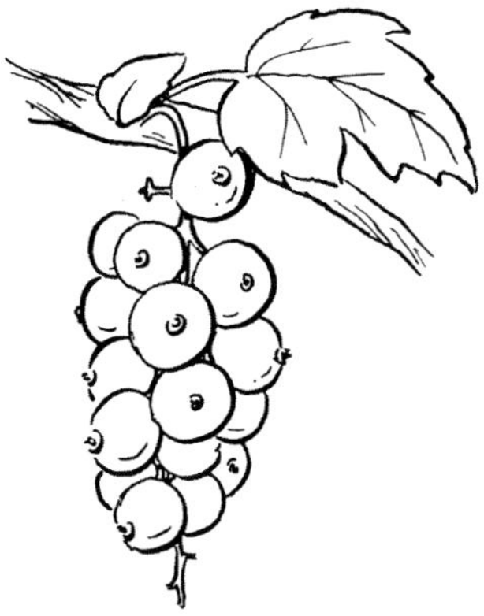

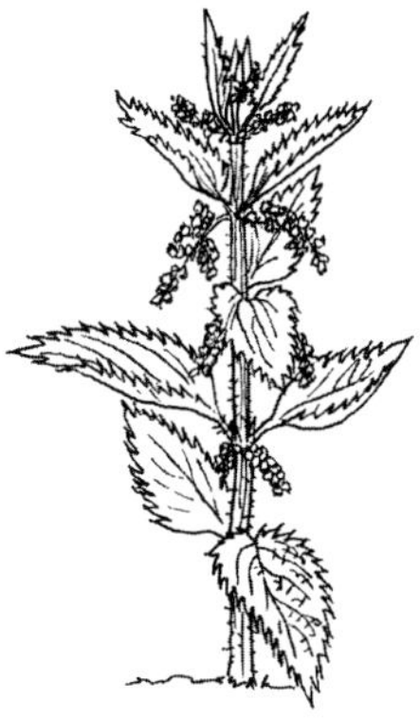

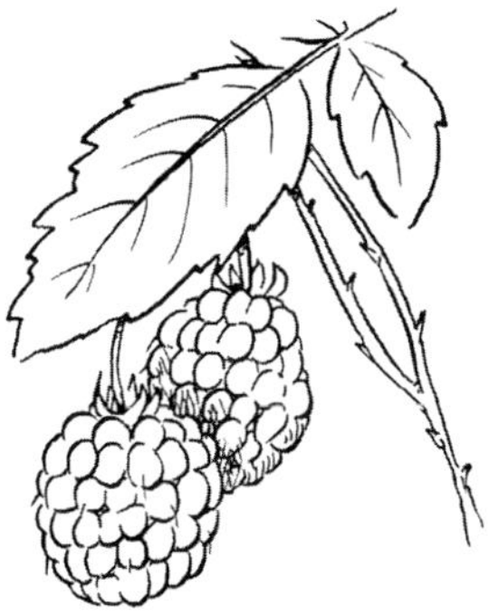

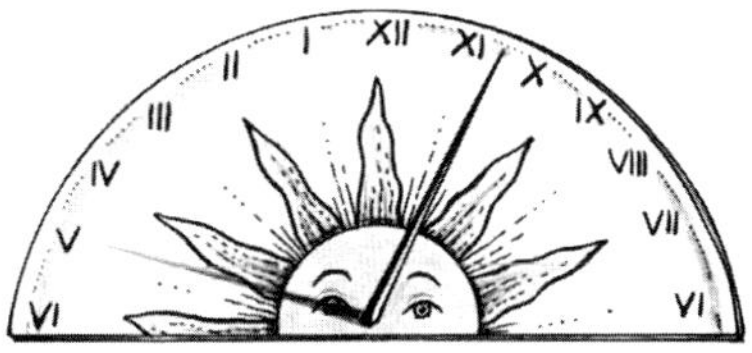

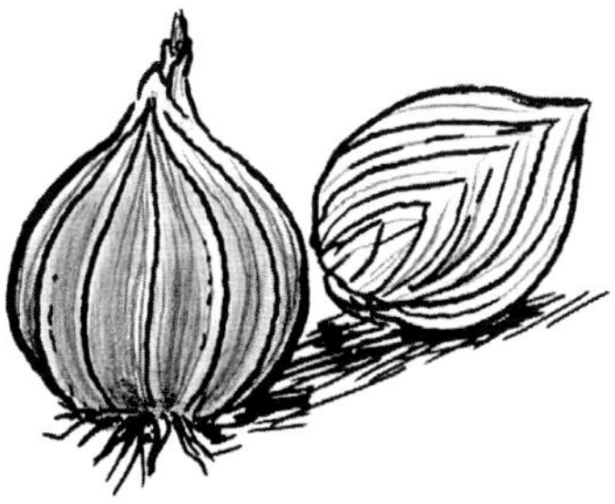

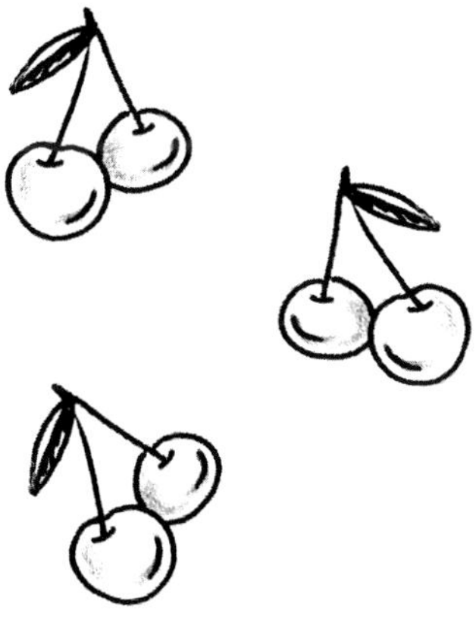

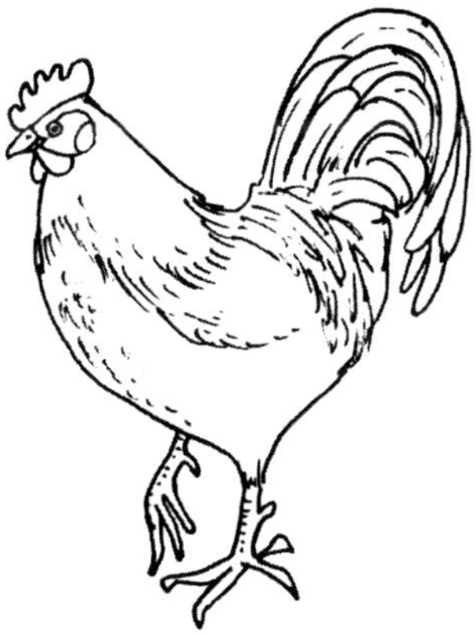

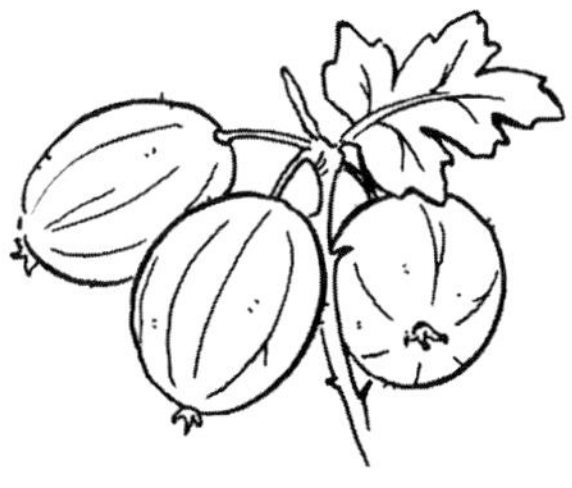

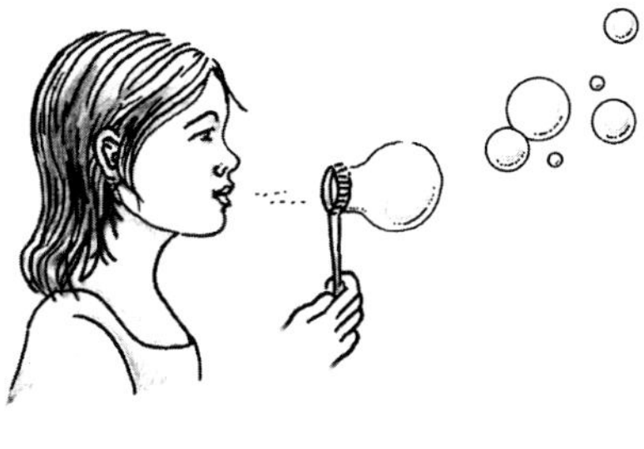

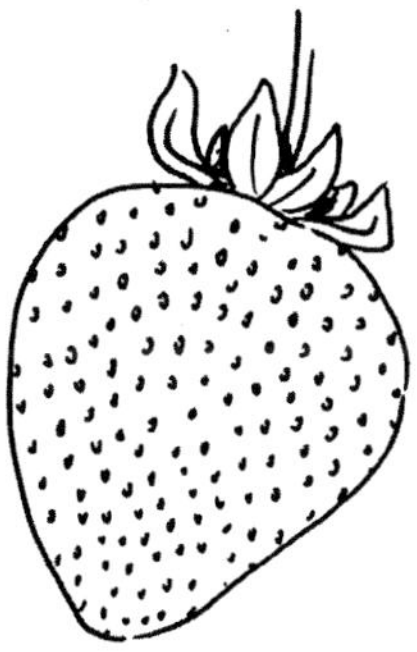

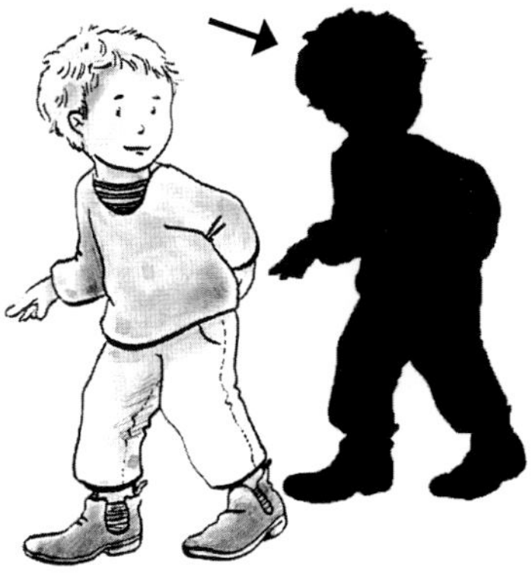

Auf der bunten Blumenwiese (ab 5 Jahren)

Material:
Ausmalbild (Vorlage s. S. 15), Kopiervorlage „Blumen“ (s. u.), pro Kind 1 Strohhalm, Buntstifte, 1 Laminiergerät und -folie, 1 Schere

Vorbereitung:
Das Ausmalbild wird kopiert, angemalt und laminiert. Die Blumen werden ebenfalls ausgeschnitten und angemalt.

Spielmöglichkeit:
Das Bild und die Papierblumen werden auf den Tisch gelegt. Mit dem Strohhalm soll das Kind die Blumen ansaugen und an einer bestimmten Stelle wieder ablegen, beispielsweise:
Lege eine Blume …

- zum Maulwurf auf den Maulwurfshügel.
- zwischen die Ente und die Gans.
- in das Vogelnest.
- in den Teich.
- vor das Reh.
- neben die Spinne auf das Spinnennetz.
- über einen Hasen.
- unter den Schmetterling.
- auf die Seerose mit dem Frosch.
- …

Variante (ab 3 Jahren)

- Die Kinder legen die Blumen mit der Hand an die unterschiedlichen Stellen im Bild.
- Die Erzieherin legt die Blumen an verschiedene Stellen und lässt die Kinder den richtigen Platz benennen.

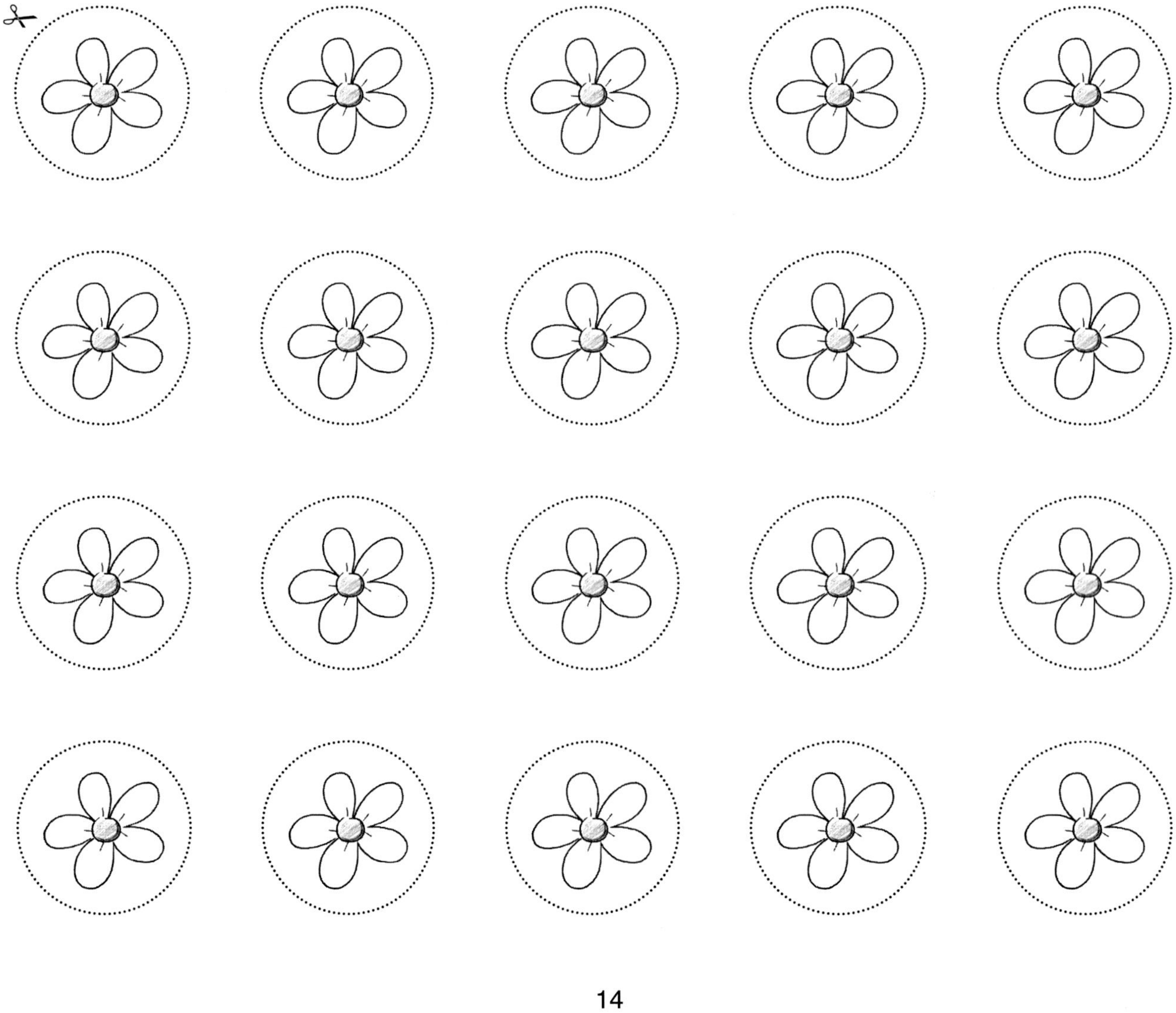

Ausmalbild zu „Auf der bunten Blumenwiese“

BVK • Jenny Hütter: Kita aktiv „Projektmappe Sommer“

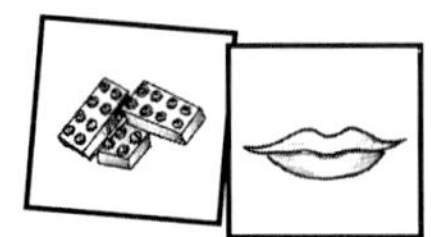

Früchte-Schattenraten (ab 2 Jahren)

Material:
2 Stühle, 1 weißes Laken oder 1 großes Tuch, 1 Lampe, 1 Korb mit verschiedenen Sommerfrüchten oder -gemüsesorten (z. B. 1 Erdbeere, 1 Ast mit Brombeeren, 1 Ast mit Johannisbeeren, 1 Kirsche, 1 Mirabelle, 1 Ast mit Stachelbeeren, 1 Blumenkohl, 1 Erbsenschote, 1 Gurke, 1 Kohlrabi, 1 Möhre, 1 Paprika, 1 Radieschen, 1 Stück Rhabarber, 1 Salatkopf, 1 Spargel, 1 Tomate, 1 Zwiebel)

Vorbereitung:
Die Stühle werden mit einigem Abstand zueinander aufgestellt. Das Laken wird darübergehängt, es dient als Leinwand für das Schattenraten. Die Lampe und der Korb werden hinter die Leinwand gestellt.

Spielmöglichkeit:
Die Kinder sitzen in einem Halbkreis vor der Leinwand. Die Erzieherin sitzt seitlich hinter der Leinwand und schaltet die Lampe ein. Die Lampe sollte die Leinwand beleuchten, dabei muss die Erzieherin so sitzen, dass sie mit ihrem Schatten nicht die Leinwand bedeckt.
Dann nimmt sie eine Frucht aus dem Korb und hält sie hinter der Leinwand in das Licht, sodass die Kinder den Schatten der Frucht erkennen können. Dabei hält sie die Frucht entweder an ihrem Stiel oder auf der flachen Hand, sodass der Umriss gut zu erkennen ist.
Die Kinder beginnen nun zu raten, um welche Frucht es sich handelt. Wenn ein Kind richtig geraten hat, darf es hinter die Leinwand kommen und die nächste Frucht zeigen.

Tiere und ihre Behausungen (ab 3 Jahren , für 2 – 4 Spieler)

Material:
Bildkarten „Tiere und ihre Behausungen“ (Vorlage s. S. 17), Buntstifte, 1 Schere, 1 Laminiergerät und -folie

Vorbereitung:
Die Bildkarten „Tiere und ihre Behausungen“ werden kopiert, angemalt, ggf. laminiert und ausgeschnitten.

Spielmöglichkeit:
Die Bildkarten werden gemischt und verdeckt nebeneinander auf dem Tisch ausgebreitet.
Der Reihe nach darf jeder Mitspieler zwei Karten umdrehen und benennen, was auf ihnen zu sehen ist.
Ziel ist es, immer ein Tier und seine entsprechende Behausung aufzudecken. Ist dies einem Spieler gelungen, darf er die beiden Karten als Pärchen behalten und vor sich ablegen. Ansonsten werden die Karten wieder umgedreht.
Liegt keine Karte mehr in der Mitte, zählt jeder Spieler seine Pärchen.
Wer die meisten Pärchen erbeuten konnte, ist Sieger des Spiels.

Bildkarten zu „Tiere und ihre Behausungen“

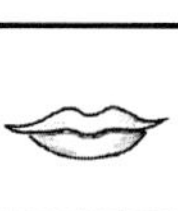

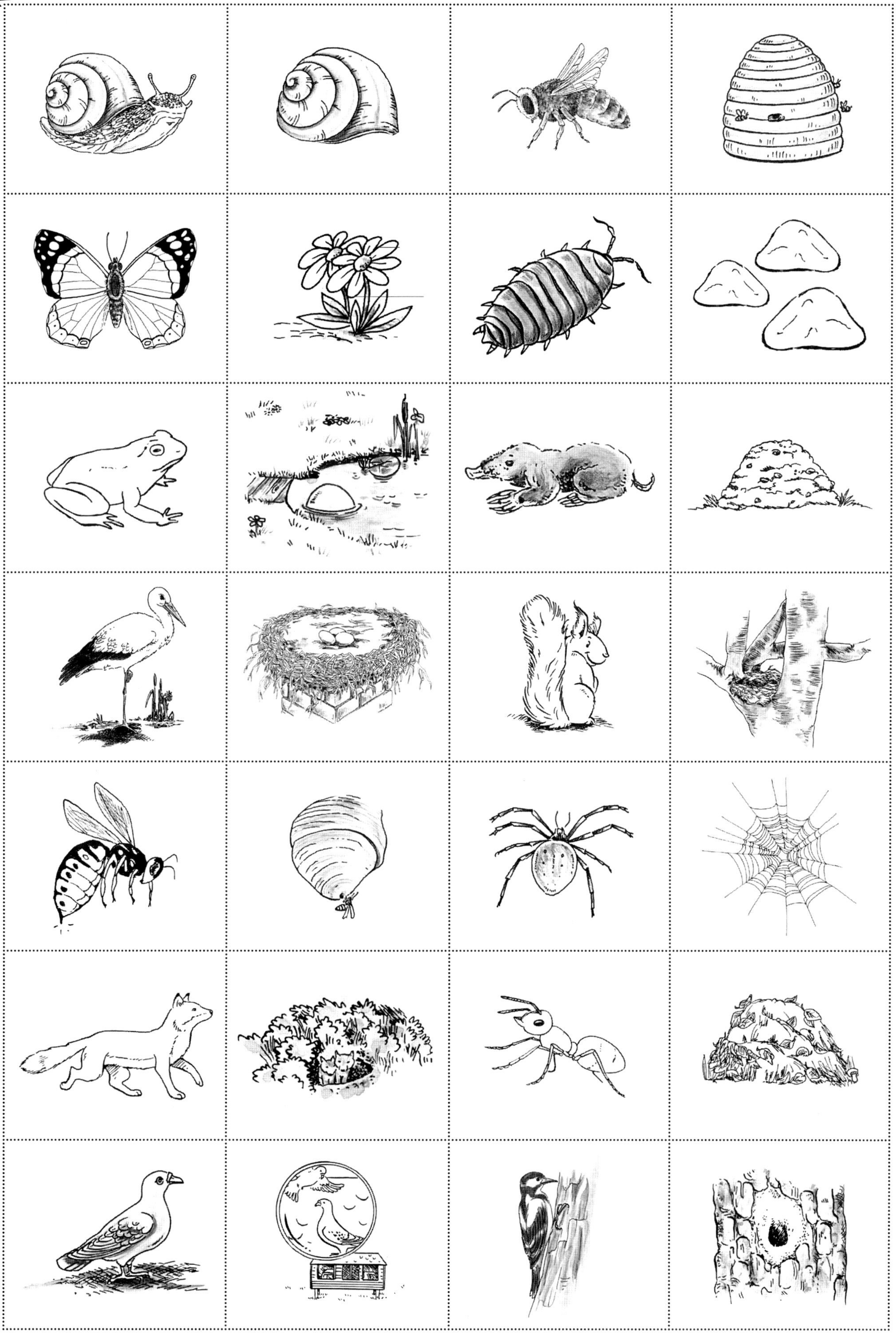

Fingerspiel: Die Fliege (ab 2 Jahren)

Schau dir diese Fliege an,	*Zeigefinger (Fliege) einer Hand hochhalten*
wie sie hier so fliegen kann.	*Fliege hin und her bewegen lassen*
Einmal rechts im Kreis herum,	*Fliege einmal rechts im Kreis herum fliegen lassen*
einmal links, das ist nicht dumm.	*Fliege einmal links im Kreis herum fliegen lassen*
Vom Fliegen dann ganz müd geworden, sucht sie sich 'nen Platz bis morgen.	*Fliege irgendwo hinlegen lassen*
Startet dann voll Tatendrang, in den neuen Tag heran.	*Fliege hin und her bewegen lassen*

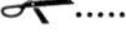

Fingerspiel: Die munteren Vöglein (ab 2 Jahren)

Alle Finger dieser Hand	*alle Finger einer Hand hochhalten*
sind als Vögel weltbekannt.	*zur Faust ballen*
Taube, Specht, das ist doch klar,	*nacheinander zwei Finger hochhalten*
Amsel, Fink und Spatzenschar.	*nacheinander die anderen drei Finger hochhalten*
Alle fliegen sie umher – Fliegen, das ist gar nicht schwer.	*alle Finger zappelnd hin und her bewegen*
Fliegen hoch und fliegen tief,	*alle Finger nach oben, dann nach unten fliegen lassen*
fliegen gerade und auch mal schief,	*alle Finger seitwärts fliegen lassen, dann schräg nach oben*
fliegen hier und dort herum,	*alle Finger zappelnd hin und her bewegen*
im Nest aber – dreh'n sie sich um.	*die andere Hand ausstrecken, die Vögel hinfliegen und umdrehen lassen*
Schlafen dann ganz tief und fest in ihrem schönen Vogelnest.	*Vögel im Nest liegenlassen*

Gesprächswürfel „Im Urlaub“ (ab 3 Jahren)

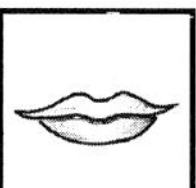

Material:
Gesprächswürfel (Vorlage s. S. 20), 1 Schere, Buntstifte, Kleber, feste Pappe (Tonkarton)

Vorbereitung:
Der Gesprächswürfel wird kopiert (bei Bedarf vergrößert) und auf die Pappe geklebt. Wenn das Blatt trocken ist, kann es angemalt und ausgeschnitten werden. Anschließend wird der Würfel an den Faltkanten geknickt und zusammengeklebt. Dafür wird entlang der gestrichelten Seite nach hinten gefaltet. Die grauen Flächen werden mit Kleber bestrichen und vorsichtig an die Klebefläche gedrückt.

Spielmöglichkeit:
Dieses Spiel eignet sich gut, um es nach den Ferien zu spielen, aber auch, wenn ein Kind gerade aus dem Urlaub zurückgekommen ist.
Die Kinder sitzen im Kreis, der Würfel wird in die Mitte gelegt. Ein Kind, das von seinen Ferien berichten möchte, kommt in die Mitte und sieht sich den Würfel an. Es darf sich für ein Bild entscheiden, von dem es meint, dass es hierzu etwas von seinem Urlaub erzählen könnte, und legt den Würfel so, dass dieses Bild nach oben zeigt. Das Kind geht zurück zu seinem Platz und berichtet den anderen von seinen Ferien.

Mögliche Fragestellungen, um die Kinder zum Sprechen zu animieren, könnten sein:
- Wo warst du im Urlaub?
- Was hast du dort erlebt?
- Warst du mit Mama und Papa im Urlaub oder vielleicht mit den Großeltern?
- Was hat dir dort besonders gut gefallen?
- Gab es etwas, das dir nicht gefallen hat?
- Wie seid ihr dorthin gekommen?
- …

Vielleicht möchten auch Kinder etwas erzählen, die nicht im Urlaub waren und Ferien zu Hause gemacht haben. Diese Kinder decken zum Beispiel das Bild mit dem Haus und dem Garten auf und dürfen natürlich genauso berichten, was sie in den Ferien alles erlebt haben, wie die anderen Kinder auch. Oder sie berichten von einem Urlaub, der schon länger zurückliegt. Auf jeden Fall sollten alle Kinder, die möchten, die Möglichkeit bekommen, etwas zu erzählen.

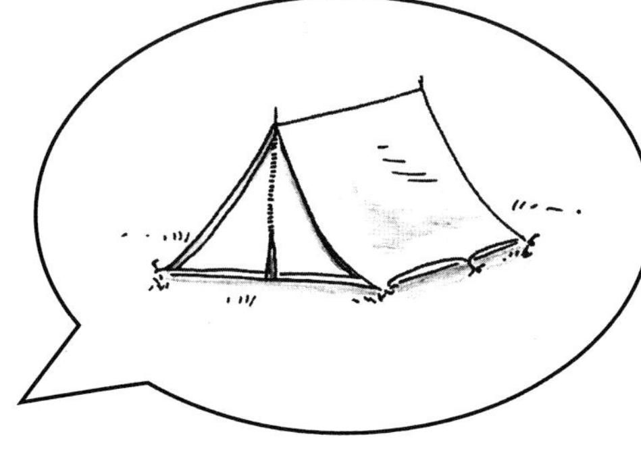

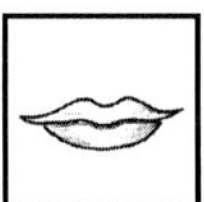

Kopiervorlage „Gesprächswürfel ‚Im Urlaub'"

(Bitte ggf. hochkopieren.)

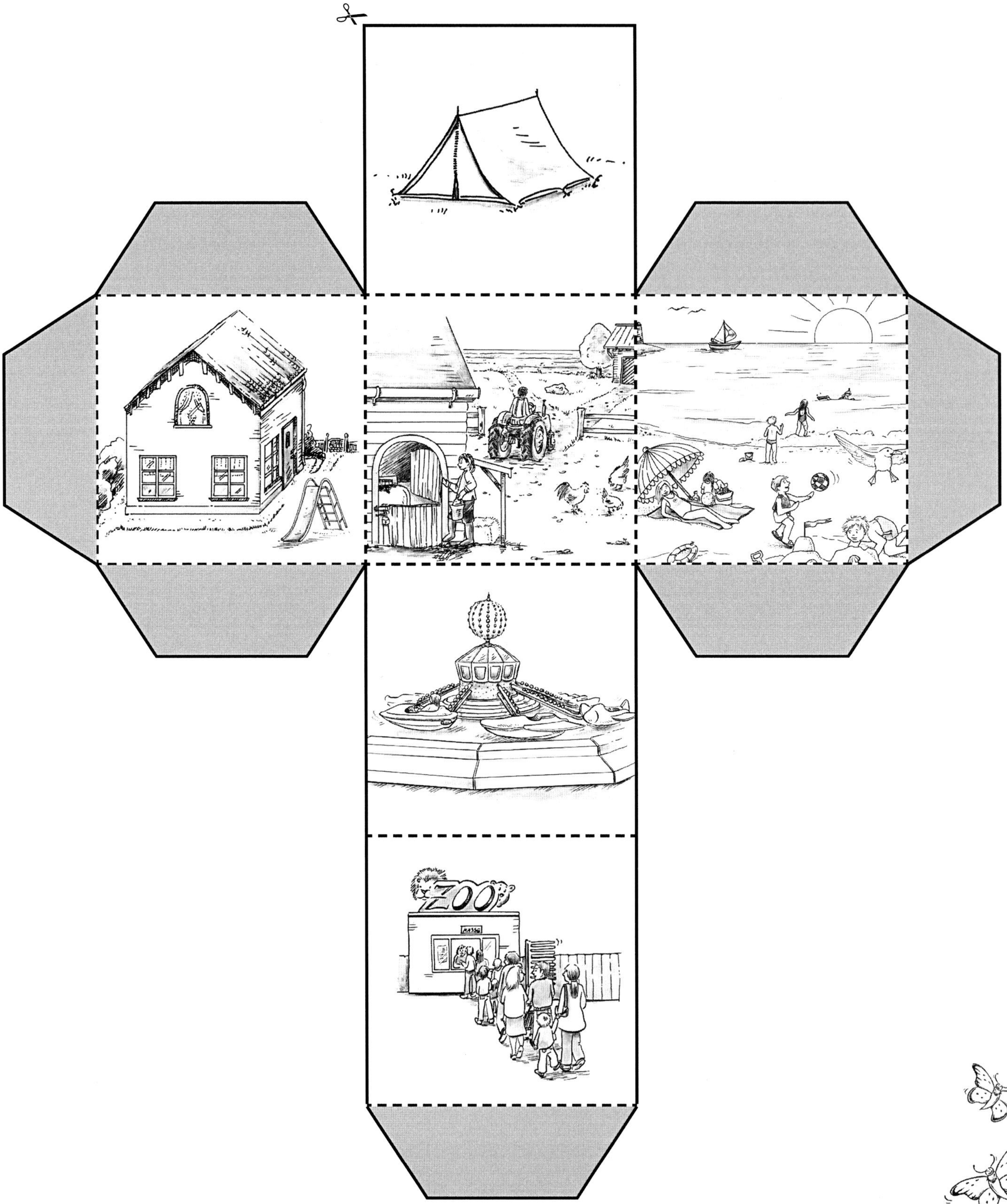

Rhythmikeinheit zum Thema „Der Sommer“ (1) (ab 4 Jahren)

Material:
CD-Player, CD „Die vier Jahreszeiten – der Sommer“ aus Vivaldis Gesamtkomposition „Opus 8“ Nr. 2 (das Stück ist 10 Minuten lang – es gibt im Handel auch Kindermusik-CDs, die etwas kürzer sind), Bildkarten „Musikinstrumente“ (Vorlage s. S. 23), Buntstifte, 1 Laminiergerät und -folie, 1 Schere, 2 gelbe Chiffontücher, 6 blaue Chiffontücher, 6 bunte (beliebige Farben) Chiffontücher, 1 langer Ast / Stock, 3 schwarze Chiffontücher, Kreppklebeband, Glockenspiele, Kastagnetten, Schellenkränze, Trommeln, Klanghölzer, Regenrohre, Triangeln, Rasseln

Vorbereitung:
Die Bildkarten werden kopiert, ausgemalt, laminiert und anschließend ausgeschnitten.

Ablauf der Rhythmikeinheit:

Begrüßungslied:
zum Beispiel „Hallo, hallo (ich will euch begrüßen)“ von Volker Rosin auf „Live!“, Edel Germany GmbH, Hamburg 2005

Klanggeschichte frei nach dem Sonett von Vivaldis L’Estate (Der Sommer):

Einführung:
Die Kinder sitzen im Kreis. Die Erzieherin verteilt die Instrumente oder überlegt alternativ gemeinsam mit den Kindern, zu welcher Textstelle welche Instrumente passen könnten. Anschließend liest sie die Geschichte vor, legt dabei immer die entsprechende Bildkarte der Musikinstrumente in die Mitte und die Kinder spielen an den entsprechenden Textstellen ihre Instrumente.

Vorlesetext	Begleitende Spielmöglichkeit auf den Instrumenten
Es ist ein heißer Sommertag. Während die Sonne unablässig vom Himmel scheint, schwitzen Tiere und Menschen.	***Glockenspiel*** *– glissando (mit dem Schlägel von den tiefen zu den hohen Tönen über das Glockenspiel streichen)*
Der Kuckuck singt sein Lied,	Kastagnette
schon bald stimmen andere Vögel mit ein und zwitschern mit ihm zusammen.	***Schellenkranz*** *und weiterhin die* ***Kastagnette***
Ein sanfter Wind weht über das Land,	***Trommel*** *– mit der Handfläche darüberstreichen*
doch plötzlich bricht ein mächtiger Sturm herein.	***Klangholz*** *(Donnerschlag),* ***Regenrohr*** *(Regen),* ***Triangel*** *(Blitz) und weiterhin die* ***Trommel***
Langsam flaut dieser wieder ab.	*Nach und nach hören das* ***Klangholz*** *und die* ***Triangel*** *auf, dann auch* ***Regenrohr*** *und* ***Trommel.***
Ein Hirte wacht über seine Schafe.	*Zwei Kinder machen wie Schafe „mäh“.*
Vor lauter Angst vor dem Unwetter schlottern ihm die Knie.	***Klangholz*** *– mehrmals hintereinander in schneller Folge anschlagen*
Als er sich zum Schlafen niederlegt, schwirren Fliegen und Mücken um ihn herum.	***Rassel*** *(es können auch mehrere sein)*
Immer wieder schreckt er aus Angst vor dem Unwetter hoch.	***Regenrohr*** *und* ***Trommel*** *– mit der Handfläche darüberstreichen*
Schließlich bricht der Sturm erneut mit ganzer Wucht herein. Es regnet, donnert, blitzt und hagelt.	***Klangholz*** *(Donnerschlag),* ***Regenrohr*** *(Regen),* ***Triangel*** *(Blitz) und die* ***Trommel*** *– mit der Handfläche darüberstreichen*

Rhythmikeinheit zum Thema „Der Sommer“ (2) (ab 4 Jahren)

Bewegungsimprovisation

Einführung für die Kinder:
Die Kinder sitzen im Kreis, im Gespräch wird erarbeitet, worum es bei der Musik geht. Die Erzieherin erklärt den Kindern dazu Folgendes:
„Wir hören heute ein Musikstück von einem ganz bekannten Komponisten. Ein Komponist ist jemand, der Melodien zu einem bestimmten Thema erfindet. Die Melodien werden dann auf Instrumenten gespielt. Der Mann, der das Musikstück, das wir jetzt hören, erfunden hat, heißt Antonio Vivaldi. Worum es in seiner Musik geht, das haben wir schon in der Klanggeschichte gehört.“ *(An dieser Stelle können die Kinder noch einmal wiederholen, was in der Klanggeschichte vorgekommen ist.)* „Zu diesem Musikstück wollen wir jetzt gemeinsam tanzen.“ Im Anschluss werden die verschiedenen Rollen für den Tanz verteilt.

Rollenverteilung und Kostüme:
- 1 Kind „Sonne“: Die Sonne bekommt zwei gelbe Chiffontücher.
- 3 Kinder „Wind“: Jedes Kind bekommt zwei blaue Chiffontücher.
- 3 Kinder „Vögel“: Jedes Kind bekommt zwei beliebig bunte Chiffontücher.
- 3 Kinder „Schafe“: ohne Kostüme
- 1 Kind „Hirte“: Der Hirte bekommt einen Stock oder einen Ast.
- 3 Kinder „Mücken“: Jedes Kind bekommt ein schwarzes Tuch.

Spielmöglichkeit:
In der Mitte des Raumes wird mit Kreppklebeband eine Tanz- und Spielfläche markiert. Alle Kinder und die Erzieherin stehen außerhalb der Spielfläche. Während die Musik abgespielt wird, gibt die Erzieherin Hilfestellung, indem sie die entsprechenden Kinder auf die Tanzfläche schickt. Hier dürfen sie sich frei zur Musik, aber entsprechend ihrer Rolle, bewegen. Je nach Alter und Erfahrung im Umgang mit Tänzen und klassischer Musik kann die Musik zwischendurch gestoppt werden und die Erzieherin gibt noch einmal Infos zur entsprechenden Rolle. Die Tanzbewegungen können frei im Takt zur Musik gemacht werden.

Beginn bis ca 1:00 Min.	*Die Sonne geht in die Mitte und bewegt sich mit den Chiffontüchern zur Musik.*
ab ca. 1:01 Min.	*Die Windkinder kommen dazu und bewegen sich mit den Chiffontüchern im Takt zur Musik um die Sonne herum.*
ab ca. 1:10 Min.	*Die Vogelkinder kommen hinzu und bewegen sich mit ihren Chiffontüchern im Takt der Musik.*
ab ca. 1:45 Min.	*Die Windkinder kommen an den Rand der Bühne und bewegen sich ab und zu zur Musik (dies kann man in der Musik hören).*
ab ca. 3:01 Min.	*Die Bewegungen werden stärker, der Sturm bricht los, die Vogelkinder und die Sonne kommen aus dem Kreis heraus.*
ab ca. 3:25 Min.	*Die Bewegungen der Windkinder werden wieder langsamer. Der Hirte, die Sonne und die Schafe gehen in den Tanzkreis. Die Schafe stehen still in der Mittagshitze, der Hirte wandert langsam über das Feld, schaut ängstlich in den Himmel.*
ab ca. 4:40 Min.	*Der Hirte legt sich zum Schlafen hin. Die Sonne geht in den Kreis.*
ab ca. 5:00 Min.	*Die Mückenkinder kommen in den Kreis und wirbeln mit ihren Tüchern um den Hirten herum. Dieser schreckt immer wieder kurz hoch (dies kann man in der Musik hören).*
ab ca. 7:35 Min.	*Die Mückenkinder ziehen sich zurück. Der Hirte schläft ein.*

Rhythmikeinheit zum Thema „Der Sommer“ (3) (ab 4 Jahren)

Hinweis:
Die Rollen des Windes, der Schafe, der Vögel und der Mücken können von beliebig vielen Kindern gespielt werden. Die Erzieherin kann (z. B. beim Wind) mittanzen, dies bietet sich besonders dann an, wenn schüchterne Kinder dabei sind, die sich ansonsten evtl. nicht trauen mitzumachen.
Bei jüngeren Kindern oder bei Kindern, die wenig Erfahrung mit Tänzen oder Bewegungsimprovisationen haben, kann das Ganze auch so gestaltet werden, dass nicht einzelne Rollen verteilt werden, sondern alle immer das Gleiche spielen:

1. Die Sonne, die sich langsam bewegt.
2. Der Wind, der leise und langsam über die Felder streift.
3. Der Sturm, der heftig wütet.
4. Der Hirte, der ängstlich umhergeht.
5. Der Hirte, der sich zum Schlafen hinlegt und alle paar Takte wegen des drohenden Unwetters hochschreckt.
6. Der Sturm, der wieder heftig wütet.

Abschlussspiel „Sonne, Mücken, Sommergewitter“

Material:
mehrere Stühle

Spielanleitung:
Die Erzieherin lässt das Musikstück laufen (vorzugsweise einen schnelleren Ausschnitt) und die Kinder laufen durch den Raum. Zwischendurch wird das Stück gestoppt und die Erzieherin spielt kurz auf einem Instrument, worauf die Kinder wie folgt reagieren müssen:

Glockenspiel:	Die Sonne scheint warm vom Himmel, alle Kinder stellen sich auf einen Stuhl und stellen die Sonne dar.
Rassel:	Die Mücken schwirren umher, alle Kinder bleiben am Platz stehen und wedeln blitzschnell mit den Armen.
Regenrohr und Trommel:	Der Sturm bricht los, alle Kinder kriechen unter einen Stuhl.

Bildkarten „Musikinstrumente“

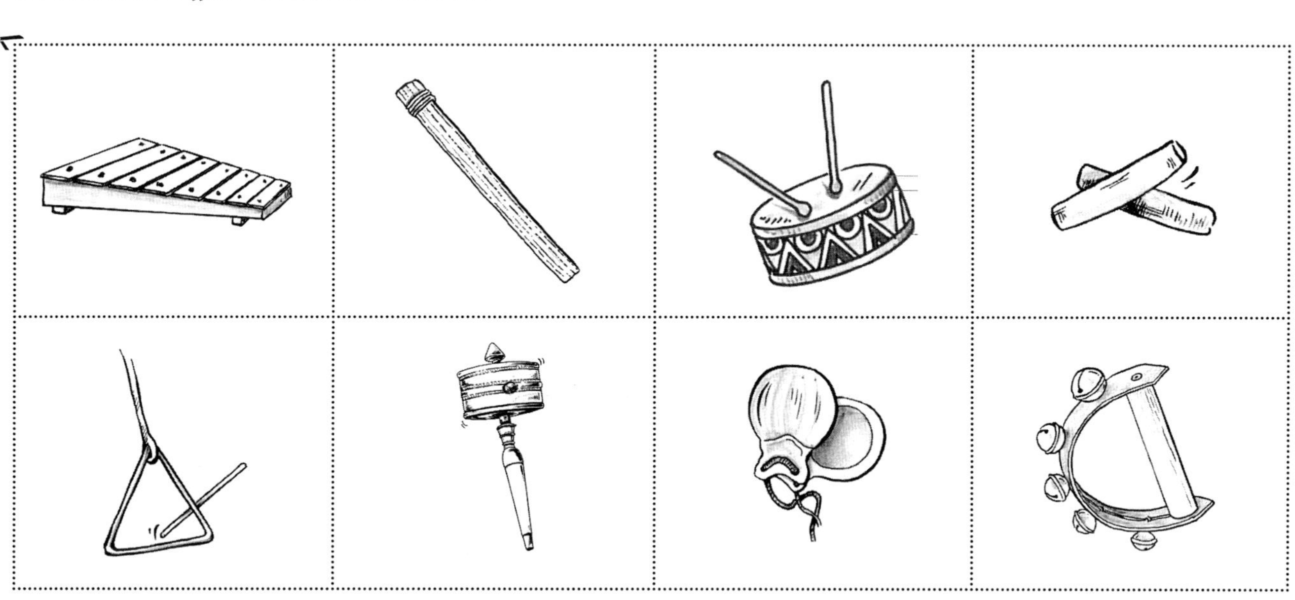

Wir Fröschelein (ab 2 Jahren)

Text und Melodie: überliefert

2. Und kommt der Storch, und kommt der Storch,
   verschwinden wir im Moor. (2 x)
   Refrain: Quak, quak, quak …

3. Und geht der Storch, und geht der Storch,
   dann kommen wir hervor. (2 x)
   Refrain: Quak, quak, quak …

Spielmöglichkeit:
Die Kinder sitzen im Stuhlkreis. Ein Kind spielt den Storch und stellt sich außerhalb des Kreises auf. Die Stühle stehen so, dass sie an einer Stelle eine Lücke bilden, an welcher nachher der Storch in den Kreis kommen kann. Die Kinder hocken sich in die Mitte des Kreises (bis auf den Storch) und singen die erste Strophe. Beim Refrain hüpfen sie durch die Kreismitte und quaken dabei den Refrain. Während der zweiten Strophe stolziert der Storch in die Kreismitte, die Arme sind dabei nach vorne ausgestreckt und imitieren den klappernden Storchenschnabel. Die Frösche hüpfen unter die Stühle und bringen sich dort in Sicherheit.
Während des Refrains quaken sie nur ganz leise, damit der Storch sie nicht hören kann.
Bei der dritten Strophe und dem Schlussrefrain verschwindet der Storch aus dem Kreis, die Frösche kommen hervor und hüpfen quakend kreuz und quer durch den Kreis.

Faltarbeit „Frosch“ (ab 5 Jahren)

Material:
1 grünes, quadratisches Blatt Papier, 1 schwarzer Filzstift

Arbeitsanleitung:

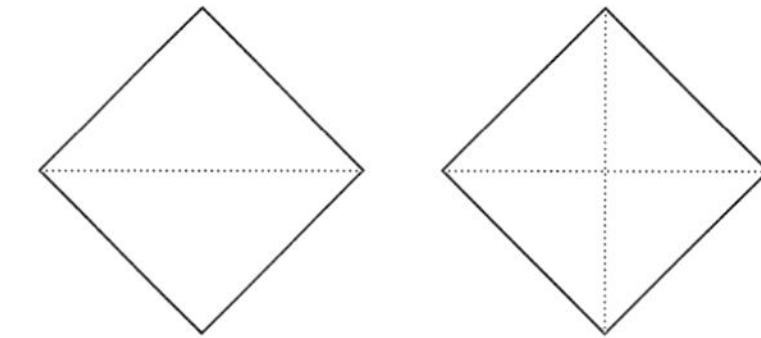

1. Das Blatt Papier wird mit einer Spitze nach unten auf den Tisch gelegt. Dann wird die untere Spitze auf die obere Spitze gefaltet und das Ganze wieder aufgeklappt. Das Papier wird um 90 Grad im Uhrzeigersinn gedreht und die nächste Spitze wird nach oben gefaltet und wieder aufgeklappt.

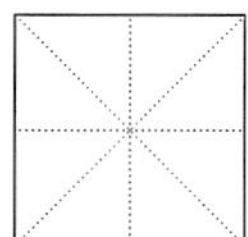

2. Das Blatt umdrehen und mit einer geraden Seite nach unten hinlegen. Nun wird einmal nach oben gefaltet und wieder aufgeklappt. Dann wird das Blatt wieder um 90 Grad gedreht und noch einmal nach oben gefaltet und wieder aufgeklappt.

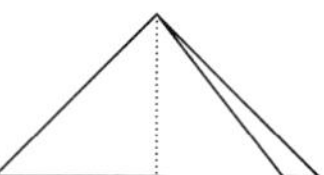

3. Jetzt wird es etwas schwieriger: Das Papier wird vom Mittelpunkt aus an der waagerechten Mittellinie so zusammengedrückt, dass ein doppeltes Dreieck entsteht (s. Zeichnung).

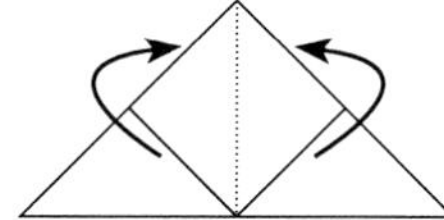

4. Nun wird die rechte Ecke des oberen Dreiecks innen nach oben gefaltet. Dieser Vorgang wird auch mit der linken Ecke wiederholt. Danach wird die Faltarbeit einmal umgedreht.

5. Dann wird die rechte Seite des Dreieckes zur Mittellinie hin gefaltet und zur Hälfte wieder zurückgefaltet. Mit der linken Seite wird genauso verfahren.

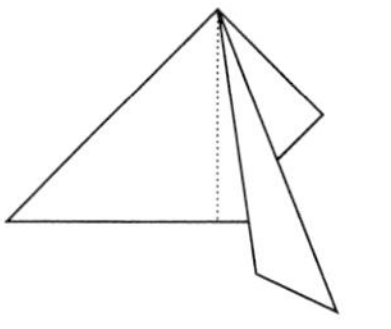

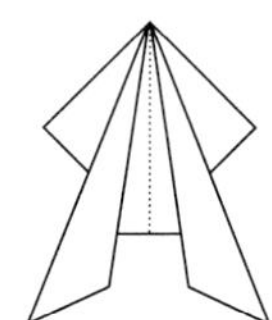

6. Nun wird die Faltarbeit wieder umgedreht. Mit einem Filzstift können dem Frosch noch Augen gemalt werden.

Den Frosch kann man jetzt hüpfen lassen, indem man den hinteren oberen Teil mit dem Finger hinunterdrückt und dann schnell loslässt.

Schüttelglas „Meereszauber“ (ab 2 Jahren)

Material:
1 leeres Glas mit Deckel, Silikonspritze mit Silikon zum Abdichten, Wasser, Sand, 1 – 2 Muscheln, blaues Krepppapier, 1 Löffel, evtl. etwas Glitzer

Arbeitsanleitung:
1. Das Wasser in das Glas schütten (bis etwa 3 cm unter dem Rand) und ein Stück blaues Krepppapier dazugeben. Das Ganze gut verrühren und dann das Papier mit dem Löffel herausnehmen.
2. Eine Handvoll Sand, die Muscheln und evtl. etwas Glitzer in das Glas geben.
3. Den inneren Rand des Deckels mit etwas Silikon abdichten und auf das Wasserglas schrauben. Nun muss alles gut trocknen (mindestens einen Tag).

Danach kann man das Glas schütteln und beobachten, wie der Sand auf den Boden rieselt.

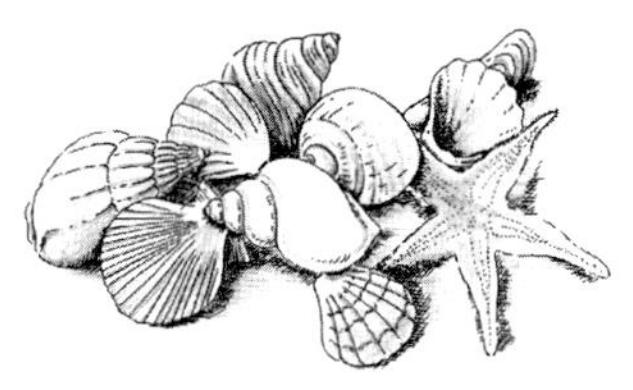

Rosen basteln (ab 5 Jahren)

Material:
1 rote Serviette, 1 grüner Pfeifenputzer (etwa 20 cm), 1 Schere

Arbeitsanleitung:
1. Die Serviette, mit der geschlossenen Seite nach oben, vor sich ablegen.
2. Nun wird die Serviette nach oben hin aufgeklappt und der geschlossene Rand wird vorsichtig abgeschnitten. Es entstehen zwei aufeinanderliegende Rechtecke.
3. Diese werden nun wie ein Fächer / eine Ziehharmonika gefaltet.
4. Mit dem Pfeifenputzer wird die gefaltete Serviette in der Mitte zusammengebunden. Diesen dafür einmal in der Mitte um den Fächer herumlegen und zusammenzwirbeln.
5. Anschließend die Serviettenschichten vorsichtig auseinanderzupfen und zur Mitte ziehen.

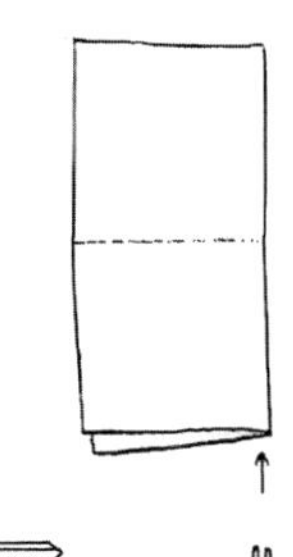

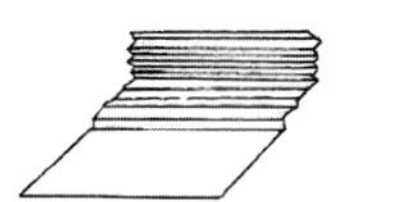

Fertig ist eine wunderschöne Rosenblüte!

Tipps:
Natürlich können die Blumen auch in anderen Farben hergestellt werden.
Die Rose kann in eine Vase gestellt und als Tischdekoration verwendet werden.
Stellt man mehrere Rosen her, so erhält man einen wunderschönen, langlebigen Blumenstrauß.

Sonnenschutz (ab 2 Jahren)

Material:
Vorlage „Sonnenschutz“ (s. u.), 1 Schere, 1 Locher, Buntstifte, Gummiband

Arbeitsanleitung:
Die Vorlage wird kopiert und angemalt. Anschließend wird sie ausgeschnitten. Mit dem Locher wird links und rechts ein Loch hineingestanzt.
Das Gummiband wird durch die Löcher gezogen und an einer Seite verknotet. Die andere Seite wird erst angeknotet, nachdem Maß am Kopf des entsprechenden Kindes genommen worden ist.

Tipp:
Decken Sie die Motive des Sonnenschutzes beim Kopieren ab und lassen Sie die Kinder ihren Sonnenschutz frei gestalten.

Kopiervorlage

Der Schmetterling (ab 3 Jahren)

Material:
1 Toilettenpapierrolle, Wasserfarben, Pinsel, Wasserbecher, Malkittel, Malunterlagen, Kleber, Scheren, Pfeifenputzer (etwa 12 cm), Flügel 1 (Kopiervorlage s. u.), Flügel 2 (Kopiervorlage s. S. 29), Architektenpapier, Tonkarton, Schwämme, Prickelnadeln, Prickelunterlagen, Fäden, Nadeln, 2 Perlen, schwere Bücher zum Pressen, Bleistifte

Vorbereitung:
Die beiden Vorlagen werden kopiert, auf festen Tonkarton geklebt und ausgeschnitten.

Arbeitsanleitung:
1. Die Toilettenpapierrolle wird nach Belieben mit Wasserfarben angemalt. Dafür viel Farbe und weniger Wasser verwenden, damit die Farbe gut deckt. Dann wird die Rolle zum Trocknen an die Seite gelegt.
2. In der Zwischenzeit werden die Flügel aufgemalt. Dafür wird die Vorlage „Flügel 1“ zweimal auf das Architektenpapier übertragen und ausgeschnitten.
3. Das Papier wird mit dem Schwamm befeuchtet, anschließend kann es mit Wasserfarben bemalt werden. Durch die Nass-in-Nass-Technik fließen die Farben ineinander, sodass sehr schöne Muster entstehen. Auch dieses Papier wird zum Trocknen an die Seite gelegt. Wenn das Papier getrocknet ist, muss es für ein paar Stunden unter ein schweres Buch o. Ä. gelegt werden, damit das Papier wieder glatt wird.
4. Die Vorlage „Flügel 2“ auf Tonkarton übertragen und ausschneiden. Der Innenteil wird mit der Prickelnadel ausgestanzt. Anschließend wird der Rand der Flügel dünn mit Kleber bestrichen. Die mit Wasserfarben bemalten Flügel werden daraufgeklebt.
5. Den Pfeifenputzer (Fühler) einmal in der Mitte knicken. Auf die beiden Enden jeweils eine Perle stecken. Die Fühler nun an die Öffnung der Toilettenpapierrolle (Schmetterlingskörper) kleben.
6. Die Flügel werden oben auf den Schmetterlingskörper geklebt.
7. Mit der Prickelnadel nun noch zwei Löcher in die Schmetterlingsflügel (ziemlich dicht am Körper) stechen. Mit Hilfe der Nadel den Faden hindurchziehen und gut verknoten.

Nun kann der Schmetterling als Raumdeko in den Gruppenraum gehängt werden!

Kopiervorlage „Flügel 1“

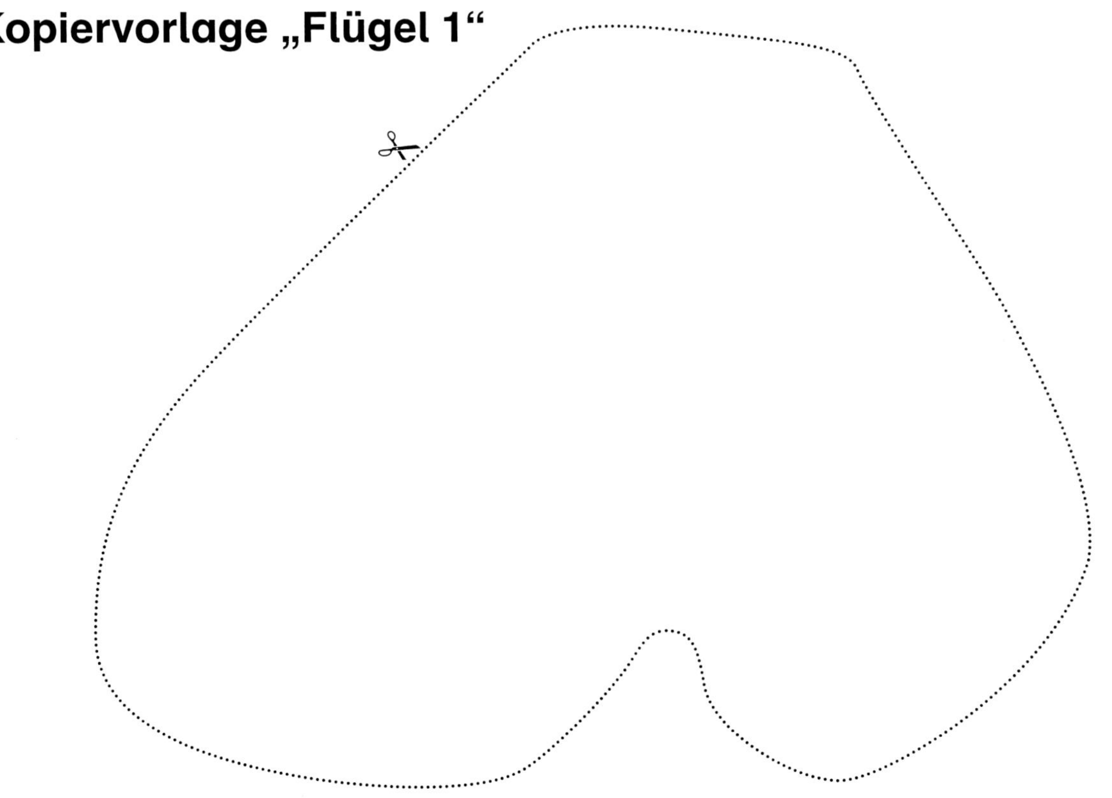

Kopiervorlage „Flügel 2“

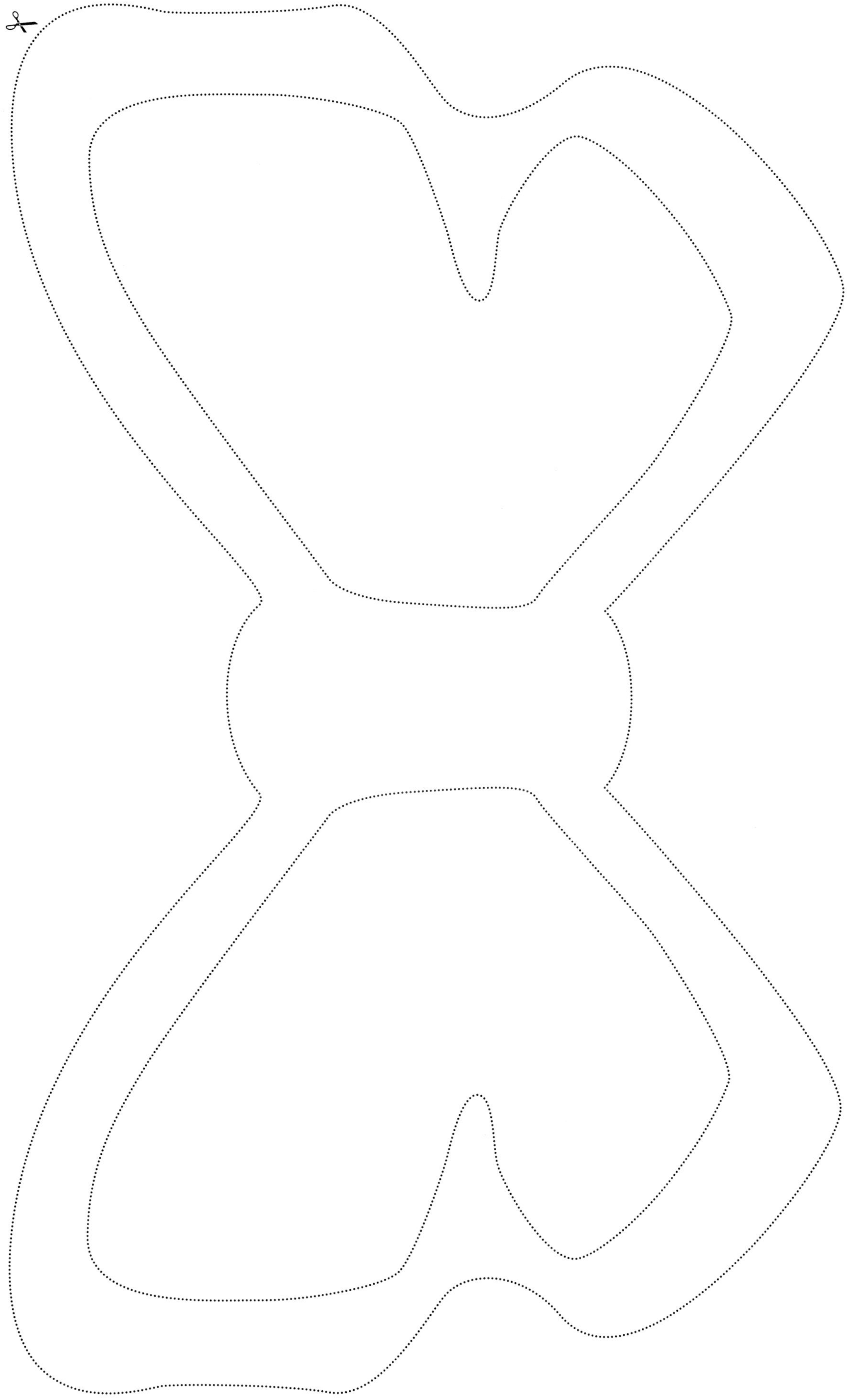

BVK • Jenny Hütter: Kita aktiv „Projektmappe Sommer“

Bienenstock (ab 4 Jahren)

Material:
1 großer Tontopf (etwa 15 cm Durchmesser), 5 kleine Tontöpfe (etwa 3 cm Durchmesser), 5 Styropor®-kugeln (3 cm Durchmesser), Blumendraht, 1 Seitenschneider, 10 kleine schwarze Perlen, 1 schwarzer Filzmarker, Fingerfarben (Gelb, Schwarz, Orange), Pinsel (breite und schmale), Wasserbecher, Malkittel, Malunterlagen, gelbe Kordel, 1 große Perle, Nylonfaden, 1 Nadel, Windradfolie, Scheren, Kleber, Heißklebepistole, Bienenflügel (Vorlage s. u.), feste Pappe (Tonkarton), Bleistifte

Vorbereitung:
Die Vorlage „Bienenflügel“ wird kopiert, auf die Pappe übertragen und ausgeschnitten.

Arbeitsanleitung:

1. Die Tontöpfe und Styropor®kugeln werden mit gelber Fingerfarbe angemalt und zum Trocknen an die Seite gestellt.
2. In der Zwischenzeit können die Flügel angefertigt werden. Dafür werden die Bienenflügel 10 Mal auf die Windradfolie gemalt und ausgeschnitten.
3. Wenn alles gut getrocknet ist, werden mit einem dünnen Pinsel Waben auf den großen Tontopf gemalt. Dazu benutzt man die orangefarbene Fingerfarbe.
4. Auf die kleinen Tontöpfe (Bienen) werden, ebenfalls mit einem dünnen Pinsel, schwarze Streifen gemalt.
5. Wenn die Bienen getrocknet sind, wird durch drei der Bienen jeweils ein Nylonfaden gezogen und verknotet. Er dient später zum Aufhängen der Biene.
6. Die Innenseite der kleinen Tontöpfe mit Kleber bestreichen und die Styropor®kugeln hineinkleben.
7. Mit dem schwarzen Filzmarker kann ein Gesicht auf den Bienenkopf (= Styropor®kugel) gemalt werden.
8. Der Blumendraht wird in zehn Stücke von jeweils 3 cm geschnitten (Fühler). Auf jeden Bienenkopf werden zwei Fühler gesteckt. Darauf wird noch jeweils eine kleine schwarze Perle gesteckt, die mit etwas Heißkleber am Draht fixiert wird. An jede Biene werden mit Heißkleber jeweils zwei Flügel angeklebt.
9. Durch das kleine Loch am Boden des Bienenstockes wird die gelbe Kordel gezogen. Auf der Innenseite wird eine Perle an die Kordel geknotet, sodass diese nun nicht mehr herausrutschen kann.
10. Die beiden Bienen ohne Nylonfaden werden direkt mit Heißkleber an den Bienenstock geklebt. Die anderen Bienen werden unten an den Bienenstock gehängt. Dafür den Nylonfaden mit Heißkleber am Rand des Bienenstockes befestigen (am Besten von innen, dann sieht man den Kleber nicht).

Zum Schluss kann der komplette Bienenstock als Raumdekoration in den Gruppenraum gehängt werden.

Kopiervorlage „Bienenflügel“

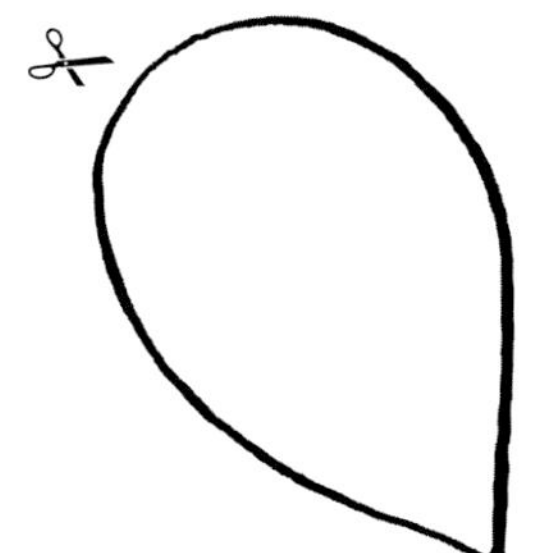
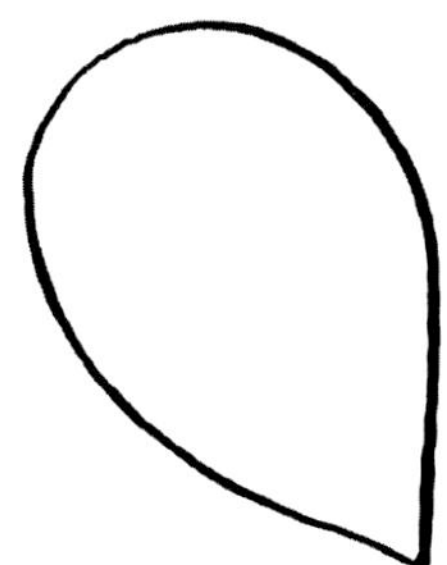
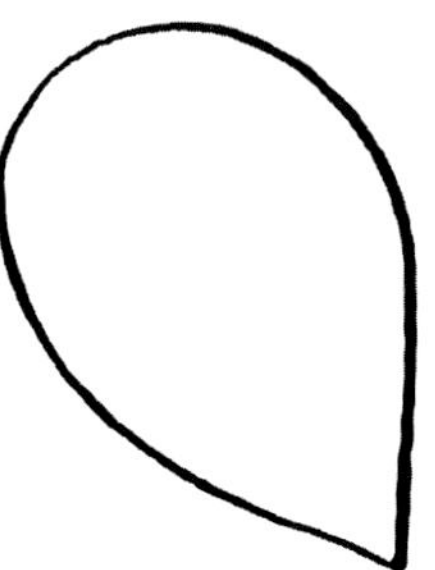
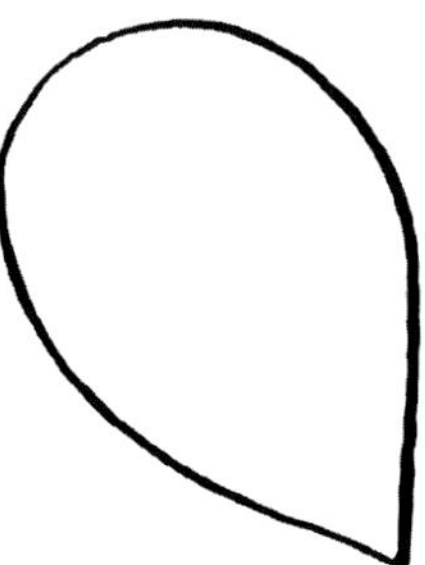

Welche Früchte erntest du im Sommer? (ab 4 Jahren)

Male die Bäume, Sträucher oder Früchte an, die du im Sommer ernten kannst! Wie heißen sie?

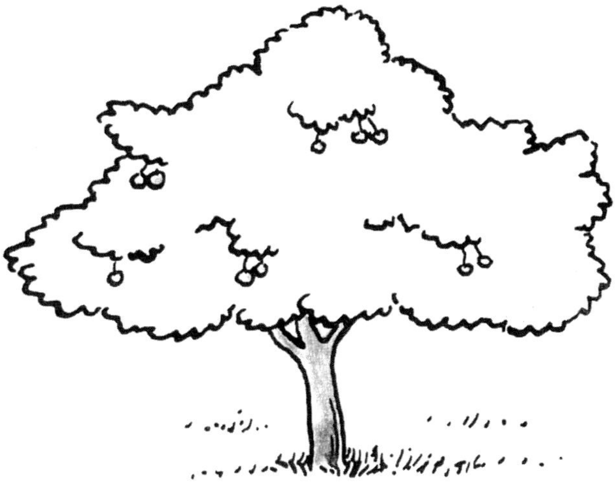

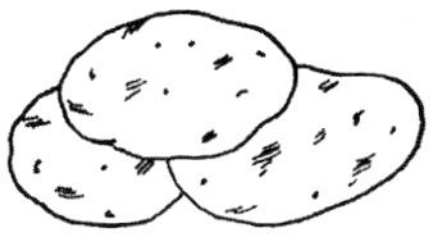

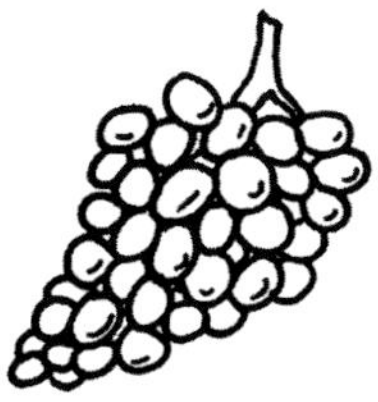

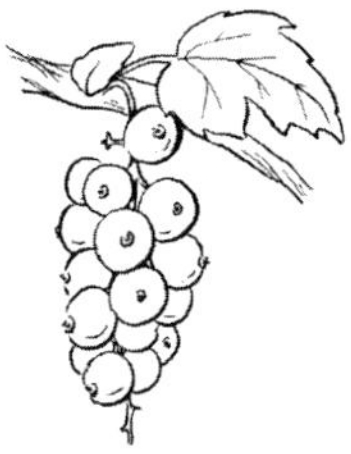

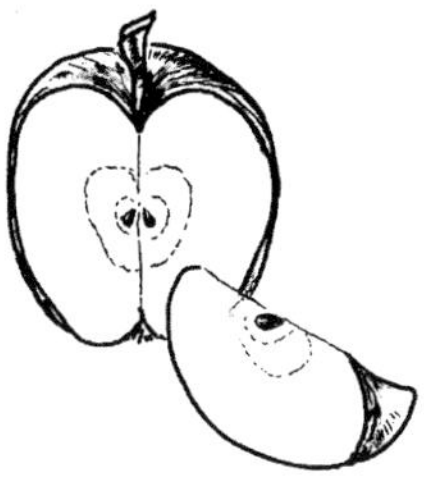

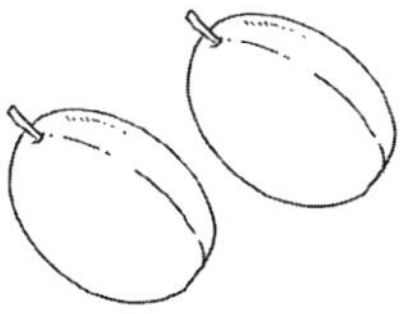

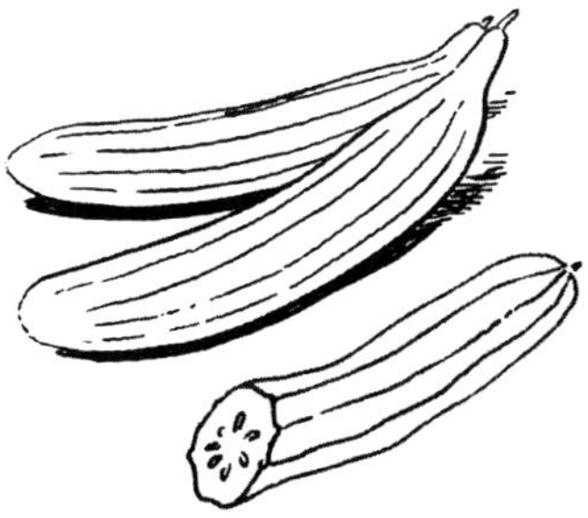

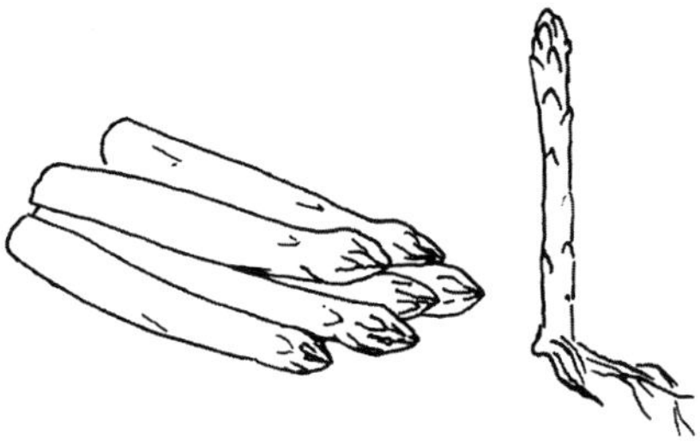

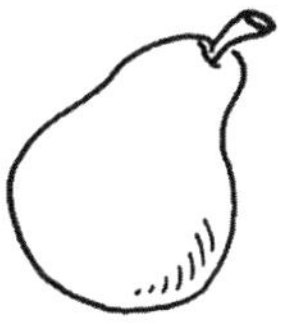

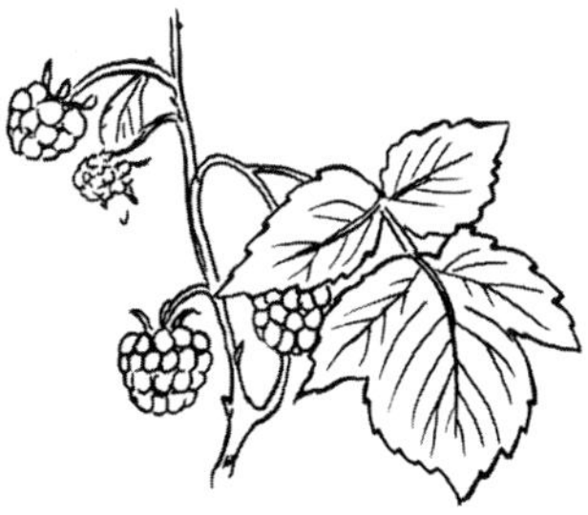

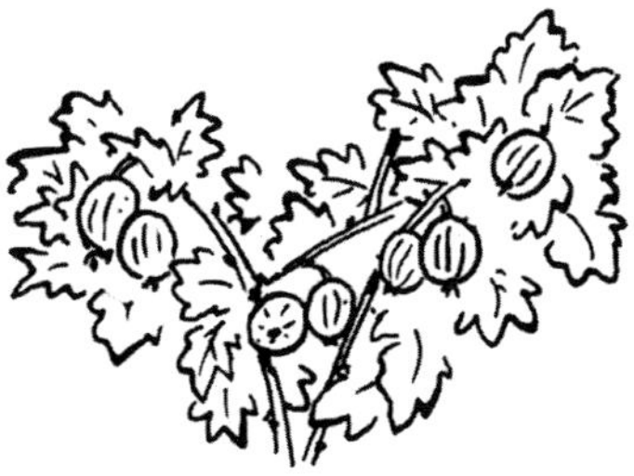

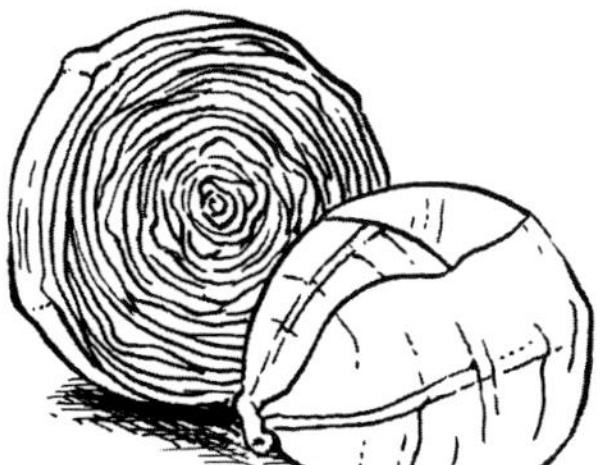

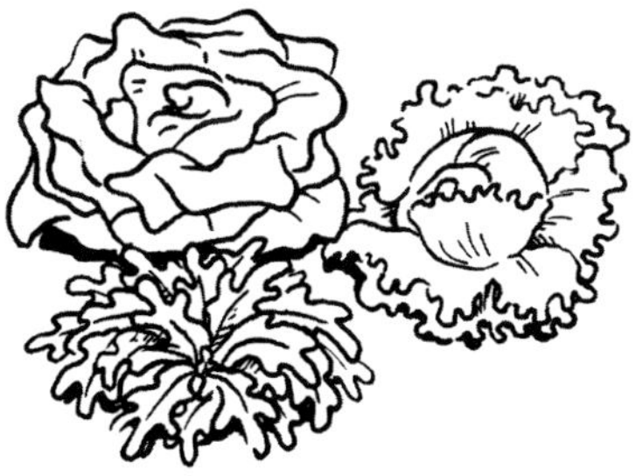

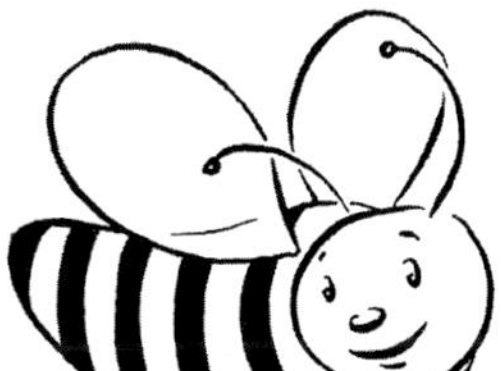

Selbst hergestellte Straßenmalkreide (ab 2 Jahren)

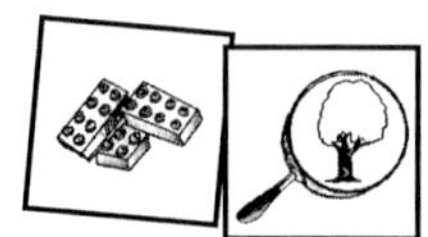

Material (pro Kreidestück):
100 ml Wasser, etwa 120 g Gips, 1 Teelöffel Salz, etwas Farbe (es eignet sich jede flüssige Farbe, möglich ist auch die selbst hergestellte Pflanzenfarbe von S. 33), 1 Becher, 1 Teelöffel, 1 leerer Joghurtbecher, 1 Messer, 1 Messbecher, 1 Küchenwaage

Arbeitsanleitung:
1. Das Wasser wird in einen Becher geschüttet. Der Gips wird nach und nach dazugegeben und eingerührt, bis eine dickflüssige Masse entsteht.
2. Jetzt werden noch die Farbe und das Salz hinzugefügt und die Masse wird in einen Joghurtbecher gefüllt.
3. Das Ganze muss etwa einen Tag lang trocknen. Dann wird der Becher aufgeschnitten und das fertige Kreidestück herausgeholt.

Spiele mit der Straßenmalkreide (ab 4 Jahren)

Himmel und Hölle

Material:
Straßenmalkreide

Spielmöglichkeit:
Mit der Straßenmalkreide wird folgender Spielplan auf den Boden gemalt:

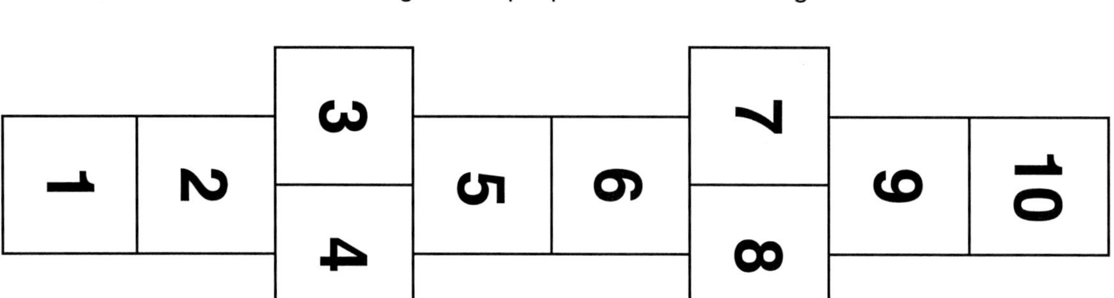

Das erste Kind stellt sich vor das Kästchen mit der Nr. 1. Es hüpft auf einem Bein ins erste und danach ins zweite Kästchen. Nun springt es mit beiden Beinen gleichzeitig in die Kästchen 3 und 4. Auf diese Weise geht es weiter bis zur 10 (Himmel). Wer auf einen Kreidestrich tritt, hat verloren. Ältere Kinder können, bei der Nr. 10 angelangt, auf einem Bein wenden und wieder zurückhüpfen.

Montagsmaler

Material:
Straßenmalkreide

Spielmöglichkeit:
Mit der Kreide wird ein etwa 1 x 1 m großes Feld auf den Boden gemalt.
Ein Kind beginnt und malt etwas Beliebiges in dieses Feld hinein.
Alle anderen stehen an der Seite und müssen erraten, was das Kind gerade malt.
Wer es als Erster errät, darf als Nächster zeichnen.

Selbst hergestellte Pflanzenfarbe (ab 3 Jahren)

Material:
verschiedene Blüten, zum Beispiel Rosenblätter, Kornblume, Butterblume …; verschiedene Früchte, zum Beispiel Erdbeere, Himbeere, Heidelbeere, Johannisbeere, Kirsche …; Blätter, zum Beispiel von Holunder oder Brombeere (bei der Herstellung können die Blüten und Blätter ihre Farbe etwas verändern und werden meist etwas heller), 1 Kochtopf, Herd, Wasser, 1 engmaschiges Sieb, mehrere Eimer, mehrere verschließbare Gläser, Rührlöffel, fertig angemischter Tapetenkleister, 1 Kartoffelstampfer

Arbeitsanleitung:
1. Die Blätter und Blüten werden in den Eimern gesammelt. Dies kann man gut bei einem schönen Sommerspaziergang mit den Kindern machen. Jede Sorte wird dabei in einen separaten Eimer gelegt.
2. Zurück im Kindergarten wird die erste Blatt- oder Blütensorte in den Kochtopf gegeben und mit Wasser übergossen. Die Blüten müssen vollständig bedeckt sein. Aufkochen und das Ganze etwa zehn Minuten kochen lassen, zwischendurch immer wieder umrühren, damit sich die Blütenfarbe gut verteilt.
3. Dann wird das Gemisch durch das Sieb in eines der verschließbaren Gläser geschüttet. Etwas Tapetenkleister als Bindemittel hinzugeben und noch einmal gut verrühren. Die Farbe muss nun nur noch abkühlen und kann dann verwendet werden.
4. Kochtopf und Löffel werden gespült, mit den restlichen Blütensorten, Blättern und Früchten wird genauso verfahren.

Hinweis:
Wenn die Farbe aus Früchten gewonnen wird, sollten diese im Kochtopf während des Kochens mit einem Kartoffelstampfer zerdrückt werden, damit sich die Farbe besser verteilt.

Insekten als Krankheitsüberträger (ab 4 Jahren)

Material:
2 Glasschüsseln mit Deckel, 1 Teelöffel Brühe, ca. 200 ml heißes Wasser, 1 Teelöffel Stärkemehl, 1 Fliege, 1 Schneebesen, 1 Becherlupe, 1 Löffel zum Verrühren, 1 Topf, Herd, Wasser

Arbeitsanleitung:
1. Die Brühe wird in dem heißen Wasser aufgelöst und gut verrührt. Das Stärkemehl wird dazugegeben und ebenfalls verrührt, sodass die Brühe etwas dickflüssiger wird.
2. Das Gemisch wird gleichmäßig auf die beiden Schüsseln verteilt, mit den Deckeln abgedeckt und zum Abkühlen an die Seite gestellt. Dabei darauf achten, dass in den Glasschüsseln nur so viel Brühe vorhanden ist, dass der Boden bedeckt ist.
3. In der Zwischenzeit muss mit der Becherlupe eine Fliege gefangen werden.
4. Die Fliege wird in eine der Glasschüsseln (natürlich mit der abgekühlten Nährlösung) gesetzt, der Deckel sofort daraufgelegt. Nun wartet man bis die Fliege auf der Brühe entlanggelaufen ist, dann wird sie wieder freigelassen.

Was passiert nun in den nächsten Tagen mit der Nährlösung, auf der die Fliege entlangspaziert ist?

Hinweis:
Die Nährlösung ist eine Grundlage für Bakterien jeglicher Art. Die Fliege hat Bakterien in eine Schüssel gebracht. Diese Bakterien können sich in der Lösung sehr schnell vermehren, was sich nach einigen Tagen als weiße Flecken bemerkbar macht. Dies sind Bakterienkulturen. In der Vergleichsschüssel dürften keine Bakterienkulturen zu finden sein.

BVK • Jenny Hütter: Kita aktiv „Projektmappe Sommer"

Die geheimnisvolle Ameisenspur (ab 3 Jahren)

Material:
1 Blatt Papier, 1 Stück oder mehrere kleinere Stückchen Obst (Apfel, Banane o. Ä.), etwas Zimt

Arbeitsanleitung:
Als Erstes muss ein Ameisennest gefunden werden. In einigem Abstand dazu wird das Blatt mit dem Obst abgelegt. Nun kann beobachtet werden:
Wie lange braucht eine Ameise, um zu dem Futter zu finden? • Was kann man als Nächstes beobachten? • Was passiert, wenn man das Blatt ein Stück zur Seite legt? • Was passiert, wenn man Zimt über die Ameisenstraße streut?

Hinweis:
Ameisen finden ihre Wege wieder, indem sie Duftmarkierungen auf den Boden setzen, die ihnen wie ein Wegweiser den Weg zum Futter und zum Nest zeigen. Sobald eine Ameise das Futter gefunden hat, macht sie sich mit einem Stück, das sie tragen kann, auf den Weg zurück zum Nest. Ihrer Duftspur zum Futter hin folgen bald darauf viele andere Ameisen, die sich ebenfalls an der Nahrung bedienen und diese zum Nest bringen. So entsteht nach einiger Zeit eine richtige Ameisenspur.
Die Spur kann man unterbrechen, wenn man Zimt auf den Weg streut. Ameisen mögen den Geruch nicht und weichen aus. Bald schon aber wird sich eine neue Straße (um den Zimt herum) gebildet haben. Ist kein Ameisennest auf dem Kindergartengelände zu finden, kann das Experiment auch bei einem Waldspaziergang durchgeführt werden. Dabei könnte man eine Woche lang jeden Tag zu der entsprechenden Stelle gehen, um zu schauen, was bei den Ameisen passiert ist.

Nisthilfe für Insekten (ab 3 Jahren)

Material:
Bambushalme oder Halme der Taglilie (beide sind innen hohl), 1 Toilettenpapierrolle, 1 Stück dünnes Seil (etwa 1 m), 1 Gartenschere

Arbeitsanleitung:
Die Halme werden auf die Länge der Toilettenpapierrolle gekürzt und in diese hineingesteckt. Die Halme sollten festsitzen, damit sie nicht herausrutschen. Die Rolle wird mit dem Stück Seil umwickelt und zum Beispiel in einen Baum gehängt.

Hinweis:
Insekten nutzen die Halme zur Aufzucht. Die Eier werden darin abgelegt. Mit organischen Substanzen verschließt das entsprechende Insekt den Eingang. Wenn die Larve aus dem Ei geschlüpft ist, nutzt sie diese Substanzen zur Nahrungsaufnahme. Bis Insekten die Nisthilfe annehmen, kann jedoch einige Zeit vergehen.

BVK • Jenny Hütter: Kita aktiv „Projektmappe Sommer“

Sonnenuhr **(ab 4 Jahren)**

Material:
1 Blumentopf (aus Ton), Erde oder Sand, 1 Stock,
1 schwarzer Filzstift, 1 Uhr

Arbeitsanleitung:
1. Der Blumentopf wird bis gut zur Hälfte mit dem Sand oder der Erde gefüllt.
2. Dann wird er an ein sonniges Plätzchen in das Außengelände gestellt und der Stock mittig hineingesteckt.
3. Den Schatten des Stockes kann man auf der Topfinnenseite sehen. Zu jeder vollen Stunde malt man an diesen Schatten einen Strich und schreibt die Zeit dazu.

Sonnenmühle **(ab 2 Jahren)**

Material:
1 Zahnstocher, 1 leeres Gurkenglas, 1 Faden, 1 Nadel, Alufolie, Kleber, 1 Schere, 1 schwarzer Filzmarker, 1 Lineal, 1 Bleistift, 1 Schaschlikspieß

Arbeitsanleitung:
1. Aus der Alufolie werden vier Rechtecke mit je einer Größe ca. 3 x 3,5 cm geschnitten. An einer Seite wird jeweils eine Faltkante von 3 mm hinzugefügt.
2. Zwei Rechtecke werden nun von beiden Seiten mit dem Filzmarker schwarz angemalt.
3. Dann werden die Rechtecke an der Faltkante geknickt und an den Zahnstocher geklebt. Dabei muss darauf geachtet werden, dass die alufarbenen und schwarzen Rechtecke im Wechsel an den Zahnstocher geklebt werden. Trocknen lassen.
4. Im Anschluss wird der Faden an den Zahnstocher gebunden und das Ganze in das Gurkenglas gegeben. Der Schaschlikspieß wird über die Glasöffnung gelegt und der Faden in der Mitte des Schaschlikspießes festgeknotet, sodass die Flügel am Zahnstocher im Glas hängen.

Hinweis:
Das Glas in die Sonne stellen. Die Alufolie reflektiert die Sonnenstrahlen und wirft diese auf die schwarzen Flügel. Diese werden dadurch wärmer als die alufarbenen, wodurch die Flügel wie von Zauberhand beginnen, sich zu drehen.

Verbinde, was zusammengehört! (ab 3 Jahren)

Jeweils zwei Dinge gehören zusammen. ✏ Verbinde sie mit einem Strich und 🖌 male die Bilder anschließend aus.

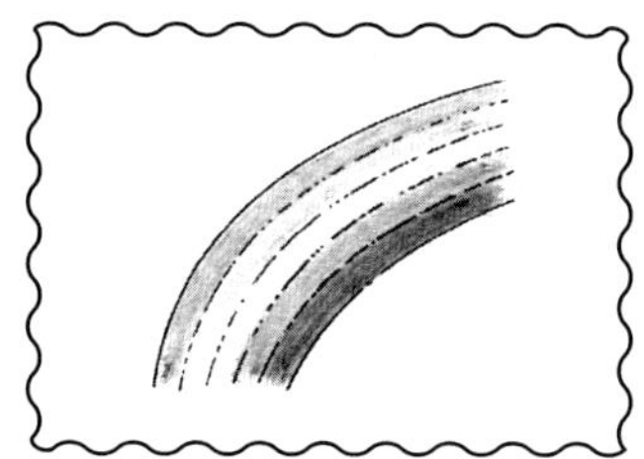

Salbe herstellen (ab 2 Jahren)

Material zur Vorbereitung:
1 Schere, Bildkarten „Salbe herstellen“ (Vorlage s. u.), Körbe oder Eimer zum Sammeln

Vorbereitung:
Auf einem Spaziergang werden Pflanzenteile gesammelt, die später zu Salben verarbeitet werden.
Die Bildkarten werden einmal kopiert und können zur Wiedererkennung der Pflanze mit auf den Spaziergang genommen werden.

Arbeitsmittel:
Wasser, Herd, 1 Kochtopf, 1 Metallschüssel, 1 Rührlöffel, 1 Schüssel, kleine verschließbare Gläschen, 1 Sieb, 1 Esslöffel, Bildkarten „Salbe herstellen“ (Vorlage s. u.), Buntstifte, Klebefilm, 1 Küchenwaage

Zutaten:
5 Handvoll Ringelblumen (Blüten und Blätter), 500 g Schweineschmalz, 2 EL Olivenöl

Zubereitung:
Den Kochtopf zur Hälfte mit Wasser füllen und das Wasser zum Kochen bringen. Das Schweineschmalz wird in die Metallschüssel gegeben und im Wasserbad erhitzt. Sobald es flüssig ist, werden die Ringelblumen dazugegeben und der Herd wird ausgeschaltet.
Unter mehrmaligem Rühren lässt man das Ganze etwa 30 Minuten lang im Wasserbad ziehen.
Zum Schluss das Olivenöl zugeben und gut verrühren. Die Schüssel aus dem Wasserbad nehmen und über Nacht ziehen lassen.
Am nächsten Tag noch einmal im Wasserbad erwärmen.
Die Salbe durch ein Sieb in eine Schüssel umfüllen und abkühlen lassen.
In der Zeit können die Kinder die Bildkarten ausmalen und die Gläser „beschriften“, indem die Karten daraufgeklebt werden. Nach dem Abkühlen wird die Salbe in die Gläser gefüllt.

Hinweise:
Wer mag, kann die Salbe mit einigen Tropfen ätherischer Öle verfeinern.
Sauerampfer- und Kamillensalbe werden auf die gleiche Weise hergestellt.

Bildkarten zu „Salbe herstellen“

Kräutersalz (ab 3 Jahren)

Material zur Vorbereitung:
Scheren, Körbe oder Eimer zum Sammeln, Bindfaden

Vorbereitung:
Auf einem Spaziergang werden Kräuter gesammelt, die später zu einem leckeren Kräutersalz verarbeitet werden. Die gesammelten Kräuter werden zum Trocknen zusammengebunden und aufgehängt. Sie benötigen etwa zwei Wochen zum Durchtrocknen.

Arbeitsmittel:
1 Mörser, Bildkarten „Kräutersalz“ (Vorlage s. u.), kleine Gläschen, 1 Schüssel, 1 Rührlöffel, Buntstifte, Klebefilm, evtl. 1 elektrische Mühle

Zutaten:
Meersalz, Kräuter

Zubereitung:
Kräuter und Salz werden im Mörser nach und nach zerrieben und in eine Schüssel gegeben.
Hier wird alles gut vermengt und anschließend in die Gläser abgefüllt.
Die entsprechenden Bildkarten werden kopiert, angemalt und die Gläschen damit versehen.

Hinweis:
Es müssen nicht alle aufgeführten Kräuter verwendet werden, man kann sich auch, je nachdem, was vorhanden ist, auf 1 – 2 Kräutersorten beschränken.
Zwiebeln und Knoblauch eignen sich ebenfalls zur Kräutersalzherstellung. Hier benötigt man aber unbedingt eine elektrische Mühle, um sie zu zerkleinern.

Bildkarten zu „Kräutersalz“

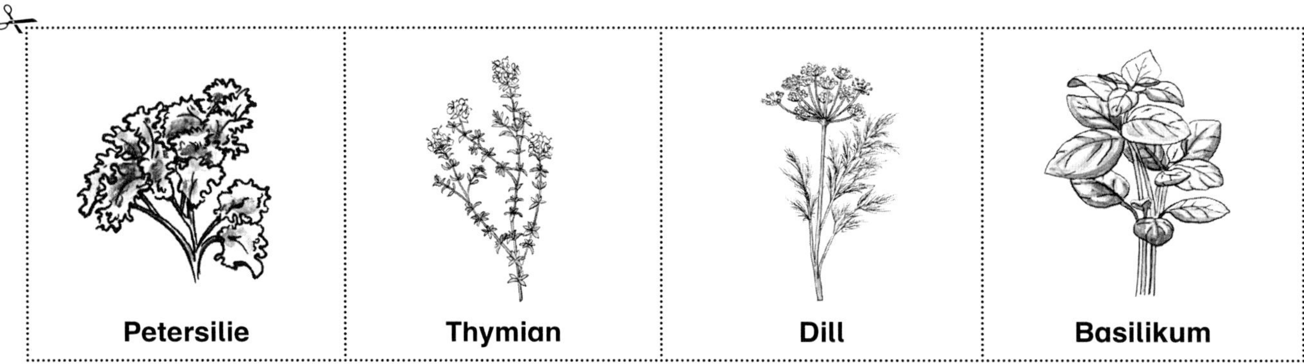

Erdbeereis (ab 2 Jahren)

Zutaten (für 500 ml Eis):
120 g Zucker, 50 ml Milch, 125 g Crème fraîche, 150 g Erdbeerjoghurt, 250 g Erdbeeren

Arbeitsmittel:
1 Kochtopf, Herd, 1 Rührlöffel, 1 Messbecher, 1 Küchenwaage, 1 Schneidebrett, 1 Küchenmesser, 1 Rührschüssel, 1 Pürierstab, evtl. Eisförmchen oder eine gefrierfähige Schüssel, Gefrierfach

Arbeitsanleitung:
1. Zucker und Milch werden in den Kochtopf gegeben und gut verrührt. Unter Rühren aufkochen lassen und zum Abkühlen an die Seite stellen.
2. Wenn die Mischung etwas abgekühlt ist, den Joghurt und die Crème fraîche unterrühren.
3. Die Erdbeeren werden gewaschen, das Grün abgeschnitten und dann werden die Erdbeeren in die Rührschüssel gegeben. Die Erdbeeren werden püriert, anschließend wird die Milchmasse vorsichtig untergerührt.
4. Die Eisförmchen oder die Schüssel mit kaltem Wasser ausspülen und die Erdbeermasse hineinfüllen. Über Nacht im Gefrierfach gefrieren – fertig!

Hinweise:
Da selbstgemachtes Eis etwas härter ist als gekauftes, nimmt man es am besten einige Minuten vor dem Verzehr aus der Gefriertruhe. Natürlich können für das Eis auch andere Obstsorten wie Himbeeren oder Ähnliches verwendet werden. Ist kein Joghurt in der jeweiligen Geschmackssorte verfügbar, kann auch ein Naturjoghurt verarbeitet werden.

Obst schmecken (ab 3 Jahren)

Material:
1 Teller, verschiedene Obststückchen, Stühle

Spielmöglichkeit:
Die Kinder sitzen in einem Stuhlkreis. Ein Kind steht in der Mitte, für dieses Kind ist auch kein Stuhl im Kreis vorhanden. Die Kinder schließen nun die Augen und halten die Hand auf. Die Erzieherin geht durch den Kreis und legt jedem Kind ein Obststück in die Hand, das es essen darf. Auch das Kind in der Mitte erhält eines. Jeder muss sich merken, was er für ein Obststück gegessen hat.
(Je nach Alter und Kenntnissen der Kinder macht es Sinn, dass die Kinder kurz erzählen sollen, welches Obst sie gegessen haben, denn vielen Kindern fällt dies schwer.)
Haben alle Kinder wieder die Augen geöffnet, ruft das Kind aus der Mitte den Namen irgendeiner Obstsorte. Alle Kinder, die dieses Obst gegessen haben, stehen auf und suchen sich blitzschnell einen neuen Platz, auch das Kind aus der Mitte.
Wer keinen Platz gefunden hat, darf sich in die Mitte stellen und wieder eine neue Obstsorte rufen.
Nach 3 – 4 Runden bekommt jedes Kind ein neues Stückchen Obst.

BVK • Jenny Hütter: Kita aktiv „Projektmappe Sommer“

Gesunde Durstlöscher (1) (ab 3 Jahren)

Tee aus eigener Herstellung

Material zur Vorbereitung:
Körbe oder Eimer zum Sammeln, evtl. Handschuhe, Bildkarten „Tee aus eigener Herstellung“ (Vorlage s. S. 42), Scheren, Bindfaden, Pergamentpapier, Zettel, Stifte, Klebefilm

Vorbereitung:
Auf einem Spaziergang werden Pflanzenteile gesammelt, aus denen später der Tee zubereitet wird. Die Bildkarten werden zweimal kopiert, ein Blatt kann zur Wiedererkennung der Pflanzen mit auf den Spaziergang genommen werden.
Die Pflanzenteile werden mit der Schere abgeschnitten und, nach Sorten sortiert, in den Körben oder Eimern gesammelt. Vorsichtig bei den Brennnesseln. Da diese pieksen, hierbei besser Handschuhe tragen. Nach dem Trocknen können sie aber unbedenklich angefasst werden.
Die Pflanzenteile werden, nach Sorten sortiert, zusammengebunden und zum Trocknen aufgehängt.
Die Früchte trocknet man am besten ausgebreitet auf Pergamentpapier.
Die verschiedenen Pflanzen und Früchte sollten beschriftet werden, damit man sie später gut wiedererkennt. Sie müssen etwa zwei Wochen lang trocknen.
Während dieser Zeit können die Kinder die Bildkarten anmalen, damit werden später die Teedosen beschriftet.

Arbeitsmittel:
Herd, 1 Kochtopf, Kochlöffel, Siebe, Mörser, verschließbare Dosen, Kugelschreiber, Bildkarten „Tee aus eigener Herstellung“ (Vorlage s. S. 42), Klebefilm, 1 Esslöffel, 2 Kannen

Zutaten:
Wasser, die gesammelten und getrockneten Pflanzenteile und Früchte, Teetassen, Topf, Herd, je 1 Esslöffel, 1 Sieb

Zubereitung:
1. Die Pflanzenteile werden im Mörser fein zerrieben, die Früchte werden zerkleinert und in je eine Dose gefüllt. Anschließend werden diese mit den entsprechenden Bildkarten versehen.
2. Für die Teezubereitung wird das Wasser erhitzt. Der Tee sollte mit heißem, allerdings nicht mit kochendem Wasser übergossen werden.
3. Etwa zwei Esslöffel Pflanzenteile werden in eine Kanne gegeben, das heiße Wasser wird darübergegossen. Je nach Sorte und eigenem Geschmacksempfinden kann man dabei auch unterschiedliche Varianten ausprobieren. Den Tee etwa fünf Minuten lang ziehen lassen und ihn dann durch ein Sieb in die andere Teekanne umgießen.

Hinweise:
- Man kann auch verschiedene Kräuter bzw. Früchte miteinander kombinieren.
- Der Tee eignet sich gut als kleine Geschenkidee.
- Wer mit Kindern Pflanzen sammelt, sollte sich generell sicher sein, dass er die Pflanzen auch wirklich erkennen kann. Zudem sollte immer abseits von Straßen gesammelt werden (Schadstoffbelastung).

Gesunde Durstlöscher (2) (ab 3 Jahren)

Holundersirup aus eigener Herstellung

Zutaten:
2 kg Zucker, 2 l Wasser, 2 (Bio-)Zitronen, 60 Blütenstände vom Holunder, 60 ml Zitronensäure, 500 ml Wasser

Arbeitsmittel:
1 Topf mit Deckel, 1 Sieb, 1 Rührlöffel, Küchenkrepp, 1 Schüssel, 1 Schöpflöffel, Plastikflaschen, 1 Trichter, 1 Schneidebrettchen, 1 Messer, Herd, 1 Messbecher, 1 Rührlöffel, 1 Glaskrug

Zubereitung:
1. Die Zitronen werden mit warmem Wasser gewaschen und in Scheiben geschnitten.
2. Das Wasser wird im Topf zum Kochen gebracht und mit dem Zucker verrührt. Die Zitronensäure und die Holunderblüten werden dazugegeben und alles wird noch einmal gut durchgerührt. Die Mischung sollte etwa 10 – 15 Minuten köcheln.
3. Nun muss das Ganze 48 Stunden ruhen. Zwischendurch sollte man allerdings noch zwei Mal gut durchrühren.
4. Danach wird das Sieb über die Schüssel gehalten und ein Küchenkrepp in das Sieb gelegt. Den Sirup löffelweise über das Sieb geben, um die Blüten und die Zitronenscheiben herauszufiltern. Das Küchenkrepp muss zwischendurch drei- bis viermal gegen ein neues ausgetauscht werden.
5. Der fertige Sirup wird in Plastikflaschen gefüllt (und kann portionsweise eingefroren werden). 500 ml Sirup in einen Glaskrug füllen und 500 ml Wasser dazugeben. Das Ganze gut durchrühren und fertig ist ein leckerer, durstlöschender Saft.

Hinweise:
- Auf dieselbe Weise kann auch anderer Sirup als Grundlage für andere Sorten Saft hergestellt werden. Geeignet dafür sind alle Arten von Früchten (jeweils im Verhältnis 1 : 1 : 1 – Früchte : Zucker : Wasser also z. B. 500 g Früchte, 500 g Zucker, 500 ml Wasser).
- 500 ml des Saftes zusammengemixt mit 500 ml Tee (s. S. 40) und Eiswürfeln ergeben einen leckeren Eistee!

Selbst hergestellte Limonade

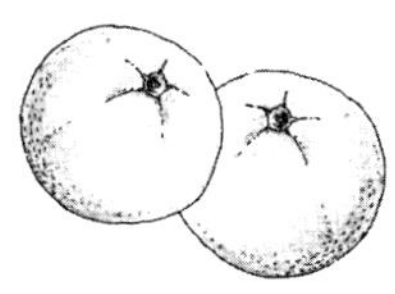

Zutaten:
4 Orangen, 1 Grapefruit, 1 Zitrone, evtl. ein paar Lavendelblüten (nach Bedarf), 1 l Sprudelwasser

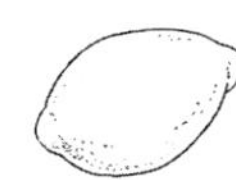

Arbeitsmittel:
1 Messbecher, 1 Messer, 1 Schneidebrettchen, 1 Zitruspresse, 1 Glaskrug, 1 Rührlöffel

Zubereitung:
Die Früchte werden halbiert und ausgepresst. Der ausgepresste Saft wird in den Glaskrug gefüllt. Dann werden ein Liter Wasser und bei Bedarf ein paar Lavendelblüten hinzugegeben. Das Ganze gut durchrühren und fertig ist eine gesunde Limonade!

Bildkarten „Tee aus eigener Herstellung“

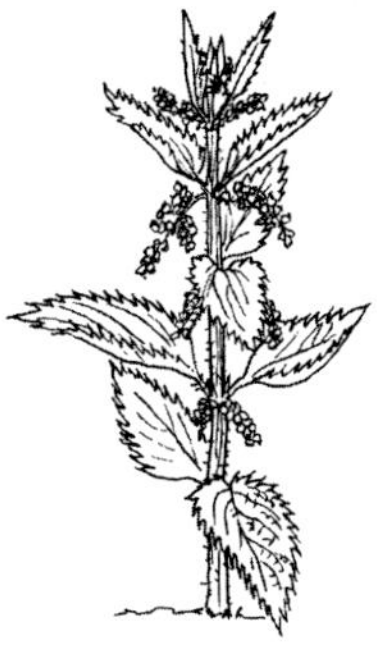

Brennnessel	Fenchel	Holunder
Kamille	Melisse	Ingwer
Rosen	Minze	Ringelblume
Himbeere	Brombeere	Erdbeere

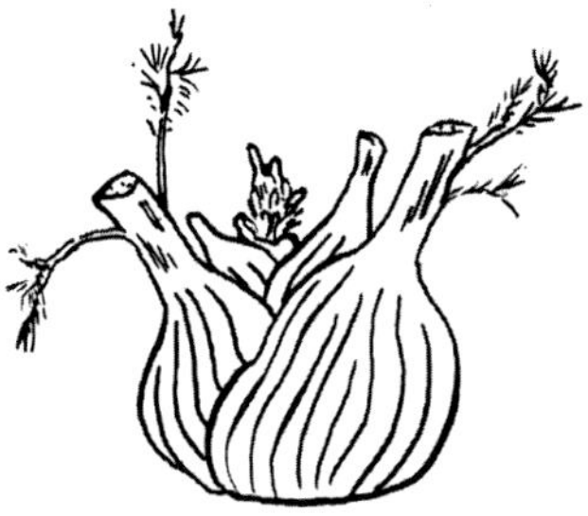

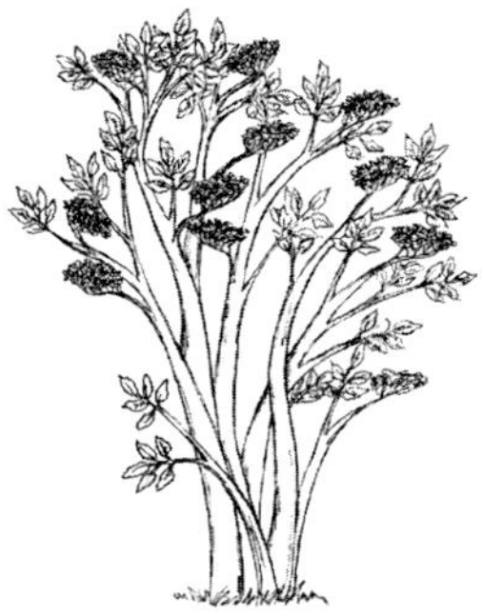

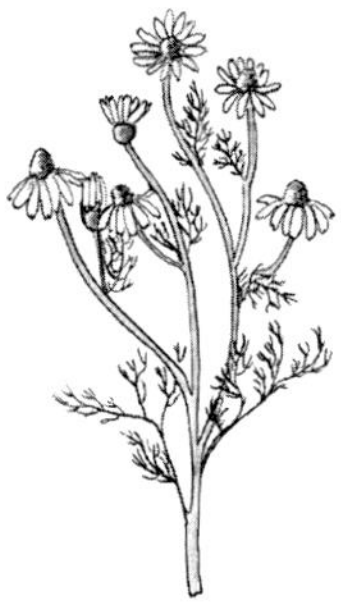

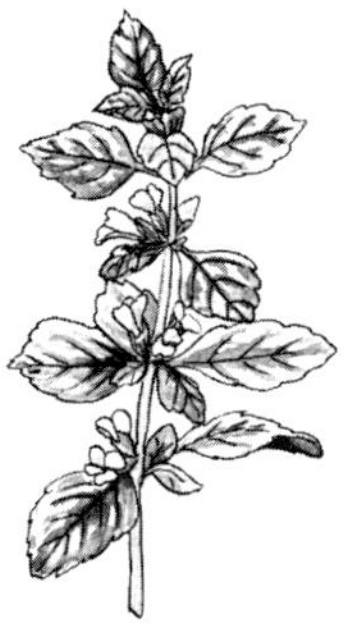

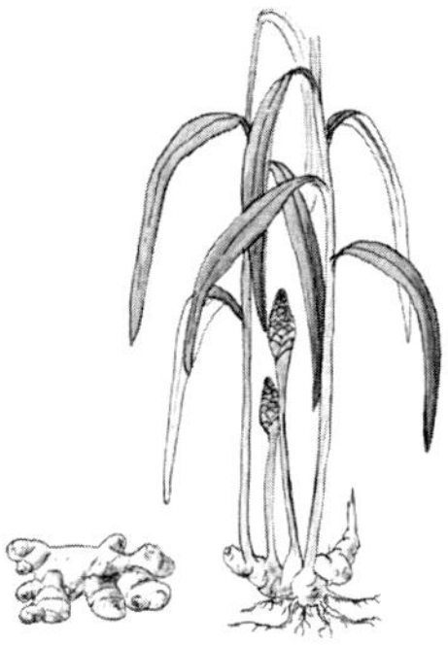

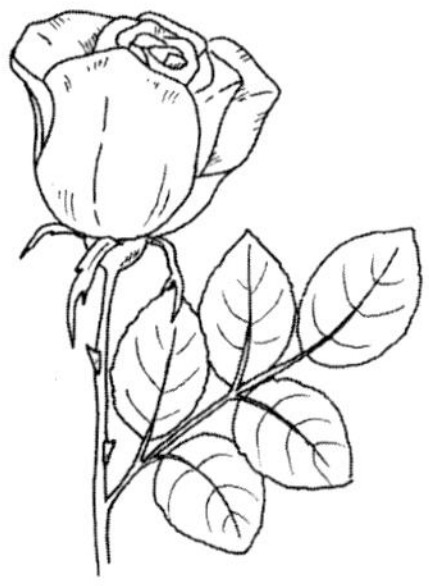

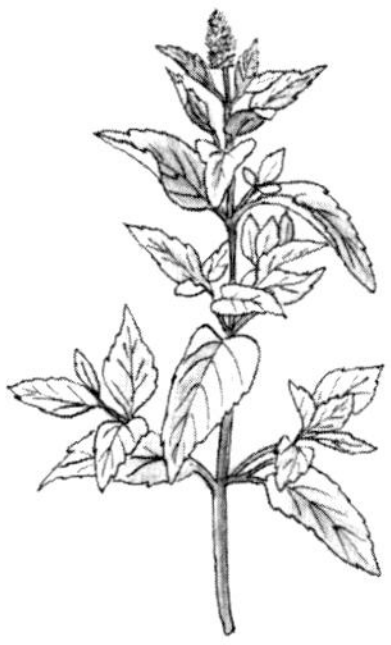

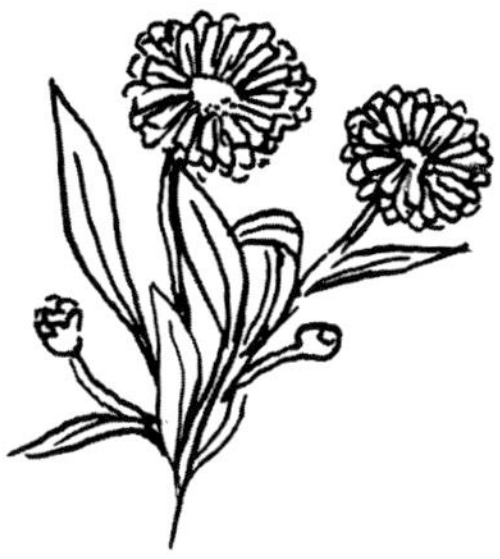

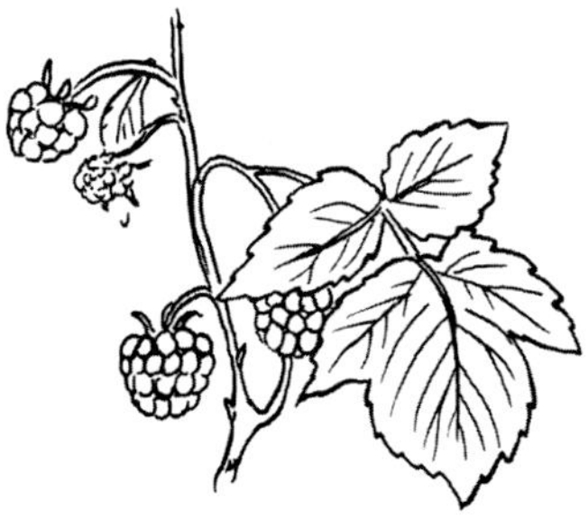

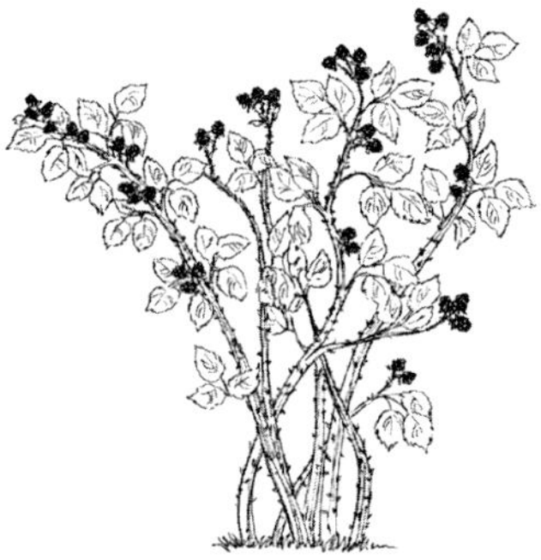

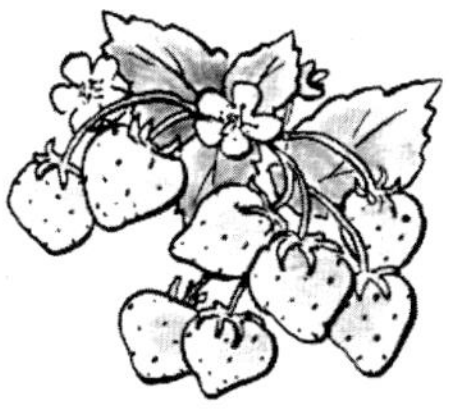

Marmelade aus Sommerfrüchten (ab 3 Jahren)

Zutaten:
1 kg Früchte, 2 Zitronen, 500 g Gelierzucker

Arbeitsmittel:
Herd, 1 Kochtopf, 1 Rührlöffel, 1 Messer, 1 Schneidebrett, 1 Zitruspresse, 1 Sieb, Einmachgläser, 1 Pürierstab, 1 Geschirrtuch, 1 Esslöffel, Küchenkrepp, Buntstifte, Klebefilm, 1 Küchenwaage, Bildkarten „Marmelade aus Sommerfrüchten“ (Vorlage s. u.), Topflappen / Küchenhandschuh

Zubereitung:

1. Die Früchte werden gründlich gewaschen und von restlichen Stängeln, evtl. den Kernen und Blättern befreit. Im Sieb lässt man die Früchte gut abtropfen.
2. Die Zitronen werden halbiert und mit der Zitruspresse ausgepresst.
3. Die Früchte in einen Kochtopf geben und pürieren. Die Zitrone und den Zucker hinzugeben, gut verrühren und über Nacht ziehenlassen.
4. Am nächsten Tag wird die Mischung zum Kochen gebracht. Unter Rühren etwa fünf Minuten köcheln lassen.
5. In der Zwischenzeit die Einmachgläser mit heißem Wasser ausspülen und abtrocknen.
6. Die Marmelade in die heißen Einmachgläser füllen. Den Rand der Gläser evtl. mit Küchenkrepp säubern und die Gläser verschließen. Dann werden sie umgedreht, auf das Geschirrtuch gestellt und müssen abkühlen. Vorsicht: Die Gläser sind sehr heiß! Nur mit den Topflappen oder Küchenhandschuhen anfassen!
7. Die Kinder malen die Bildkarten an, mit denen die Gläser später „beschriftet“ werden.

Hinweis:
Die Marmeladengläser eignen sich auch gut zum Verschenken oder für ein gemeinsames Sommerfrühstück!

Bildkarten „Marmelade aus Sommerfrüchten“

Bilder-Kopiervorlage von Zutaten und Haushaltsgegenständen

Erdbeereis

Gesunde Durstlöscher

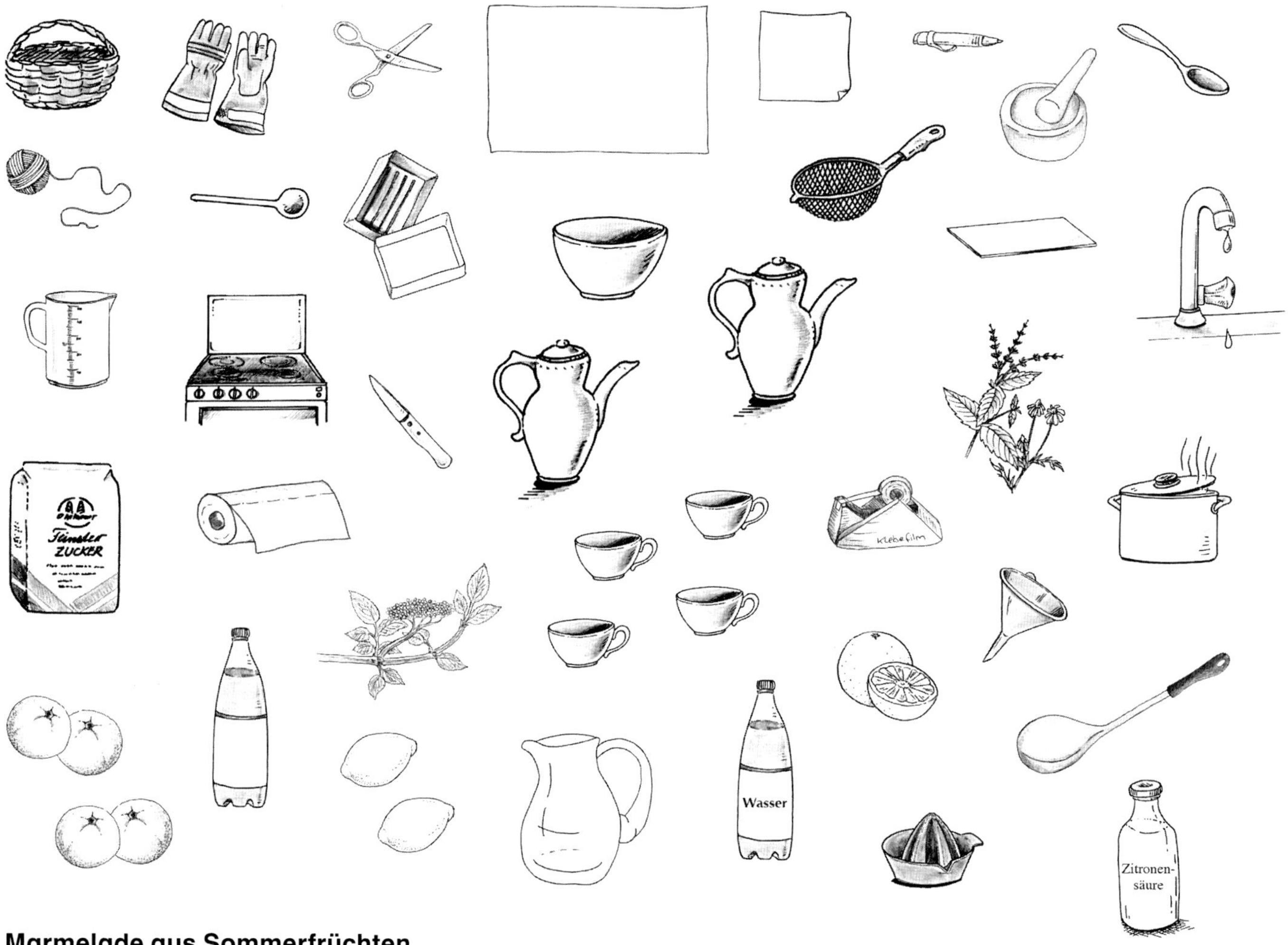

Marmelade aus Sommerfrüchten

Wie viele Früchte wachsen hier? (ab 4 Jahren)

Wie heißen diese Früchte / Gemüsesorten?

Wie viele Früchte / Gemüsesorten wachsen hier? Zähle sie und ✎ trage die entsprechende Zahl jeweils in das Kästchen ein!

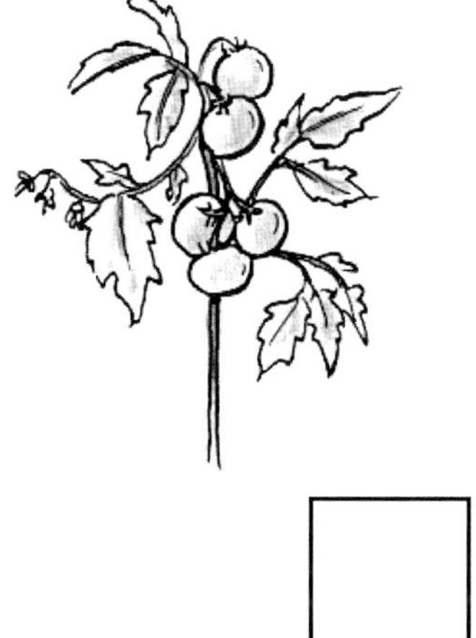

Spiele und Experimente mit Muscheln

Material (für alle Spielvarianten):
1 Kiste mit vielen Muscheln, die die Kinder oder Erzieherinnen zum Beispiel aus dem Sommerurlaub mit in den Kindergarten bringen.

 Sortiermaschine (ab 3 Jahren)

Material: 4 Materialschalen, evtl. 1 Lineal

Spielmöglichkeit: Die Kinder sollen die Muscheln nach beliebigen Eigenschaften sortieren. Zu Anfang kann die Erzieherin vorgeben, wonach sortiert werden soll, später kommen die Kinder bestimmt auch selbst auf Ideen. Es kann zum Beispiel nach folgenden Kriterien sortiert werden: groß / klein, glatt / rau, hell / dunkel, einfarbig / mehrfarbig, eckig / rund … Älteren Kindern kann gezeigt werden, wie sie die Größe der Muscheln, bei einer Sortierung von klein nach groß, mit Hilfe eines Lineals nachmessen können.

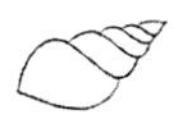 Die lange Schlange (ab 4 Jahren, für 4 – 8 Spieler) 

Material: 1 Zentimetermaß

Spielmöglichkeit: Es werden zwei gleich große Gruppen gebildet. Jede Gruppe bekommt einen Platz zugewiesen. Die Kiste mit den Muscheln wird an das andere Ende des Raumes gestellt. Auf ein Kommando hin geht es los. Jede Gruppe hat die Aufgabe, an ihrem Platz eine möglichst lange Muschelschlange zu legen. Es darf aber pro Lauf nur eine Muschel transportiert werden. Das Spiel ist beendet, wenn die Muschelkiste geleert ist. Mit dem Zentimetermaß wird nachgemessen, wer die längste Schlange gelegt hat. Am Anfang brauchen die Kinder noch Hilfe beim Messen, später können, zumindest die älteren Kinder, dies auch allein.

 Schatzsuche (ab 4 Jahren, für 2 Spieler) 

Material: Matschtisch mit Sand oder eine mit Sand gefüllte Wanne, Würfel, 4 Materialschalen

Spielmöglichkeit: Die Muscheln werden im Sand versteckt. Immer zwei Kinder spielen gegeneinander, jedes erhält zwei Materialschalen. Je eine wird an die Seite gestellt, die andere direkt neben die Spieler. Der Erste würfelt. Beide müssen nun so schnell wie möglich versuchen, die entsprechende Anzahl an Muscheln in ihre Materialschale zu sammeln. Wer als Erstes die richtige Anzahl gefunden hat, ruft: „Schatz gefunden!“ Stimmt die Muschelanzahl mit der Würfelaugenanzahl überein, so darf sich der Spieler für diese Runde eine Muschel beiseitelegen (in das zweite Materialschälchen). Alle übrigen Muscheln werden wieder im Sand vergraben. Wer als Erster fünf Muscheln hat, hat das Spiel gewonnen.

 Wie schwer ist die Muschel? (ab 4 Jahren) 

Material: 1 Balkenwaage, 1 Kiste mit verschiedenen Gegenständen aus dem Kindergarten (z. B. 1 Lego®stein, 1 Bauklotz, 1 Auto, 1 kleines Buch, 1 Stift, 1 Anspitzer …)

Spielmöglichkeit: Eine Muschel wird in eine Schale der Balkenwaage gelegt. Die Kinder haben die Aufgabe, einen Gegenstand zu finden, der genauso schwer ist wie die Muschel. Hier ist einiges Experimentieren nötig. Vielleicht benötigt man mehrere Gegenstände, um an das Gewicht zu kommen – bei manchen Gegenständen benötigt man aber vielleicht auch eine zweite Muschel.

Wie viele Muscheln findest du? (ab 4 Jahren)

In diesem Strandbild haben sich einige Muscheln versteckt.
Male alle Muscheln an, die du finden kannst.
Zähle sie zusammen und schreibe die entsprechende Zahl in das Kästchen.

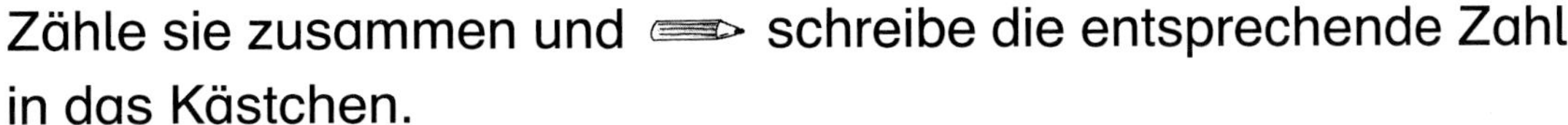

BVK • Jenny Hütter: Kita aktiv „Projektmappe Sommer“

Groß – größer (ab 5 Jahren)

Trage das richtige Zeichen in die Kästchen ein:

< bedeutet: kleiner als

> bedeutet: größer als

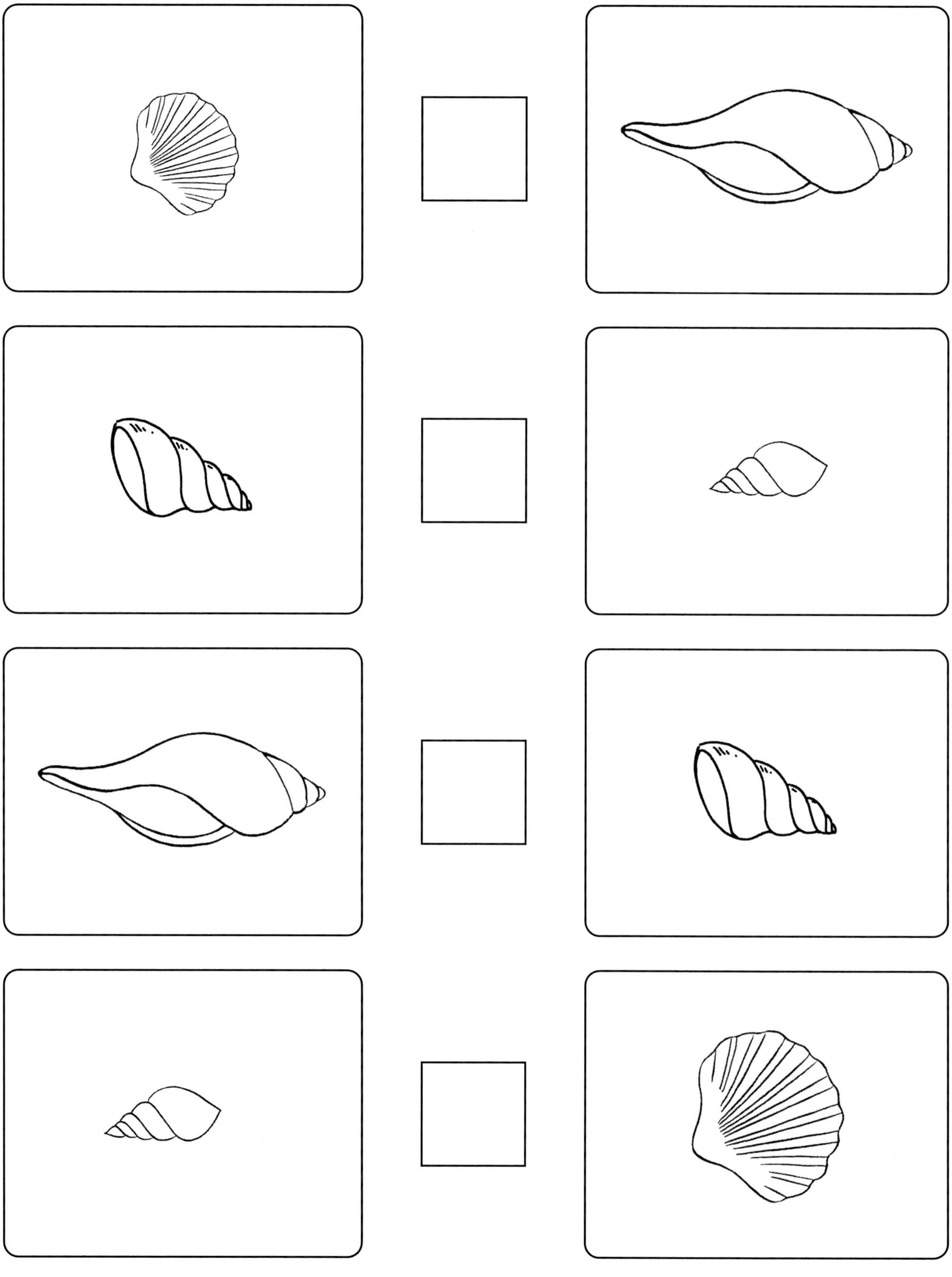

Wie viel Wasser kannst du tragen? (ab 4 Jahren)

Material:
mehrere mit Wasser gefüllte Plastikbecher (diese sollten unterschiedlich groß sein), 1 großer Messbecher, 1 Tuch, verschiedenfarbige Stifte, Diagramm „Wie viel Wasser kannst du tragen?“ (Vorlage s. u.), evtl. Wechselkleidung bereitlegen

Spielmöglichkeit:

1. Das Diagramm wird kopiert und mit den Namen der teilnehmenden Kinder versehen. Dabei werden die Namen mit verschiedenfarbigen Stiften geschrieben.
2. Die Wasserbecher werden auf der einen Seite (des Raumes oder im Freien) aufgestellt, der Messbecher auf der anderen. Das erste Kind beginnt und versucht, in einem Rutsch so viele Becher wie möglich auf die andere Seite zu transportieren. Auf dem Weg darf kein Wasser verlorengehen. Fällt ein Becher herunter, wird auf dem Diagramm eine Nullrunde eingetragen.
3. Gelangt das Kind ohne Zwischenfälle an den Messbecher, darf es seine Becher in den Messbecher ausleeren. Es wird gemessen, wie viel Wasser transportiert worden ist, und das Ergebnis wird in das Diagramm eingetragen. Das Ergebnis wird in derselben Farbe eingetragen, in der auch der Name des Kindes geschrieben wurde. Wer konnte am Ende das meiste Wasser transportieren?

Diagramm „Wie viel Wasser kannst du tragen?“

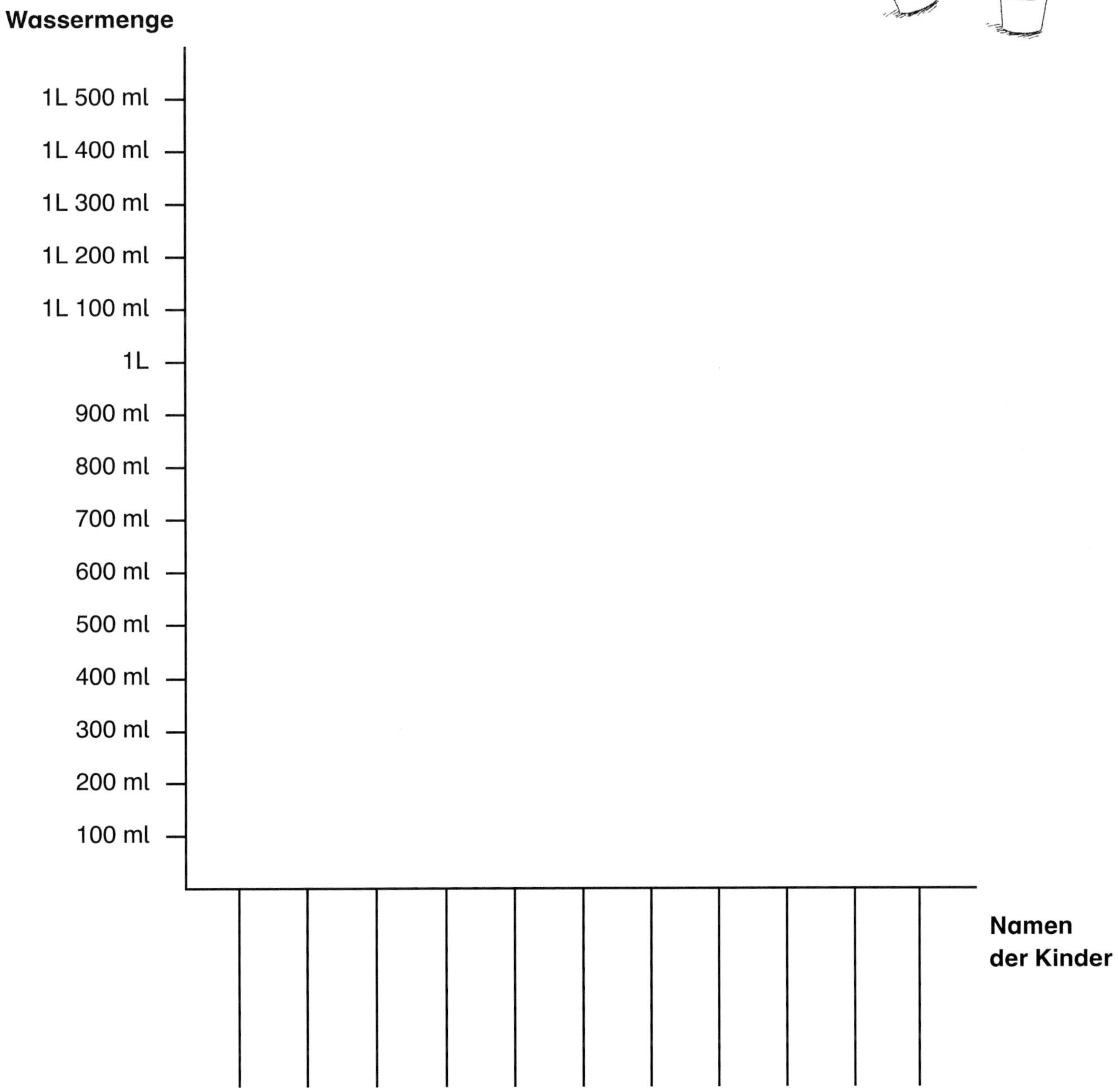

Wassermenge

1L 500 ml
1L 400 ml
1L 300 ml
1L 200 ml
1L 100 ml
1L
900 ml
800 ml
700 ml
600 ml
500 ml
400 ml
300 ml
200 ml
100 ml

Namen der Kinder

Zu welchem Bienenstock gehört die Biene? (ab 4 Jahren)

Diese Bienen haben an ihrem Körper genau so viele Streifen wie ihr Bienenstock. Welche Biene gehört zu welchem Bienenstock?

Male die Biene und ihren Bienenstock jeweils in derselben Farbe an.

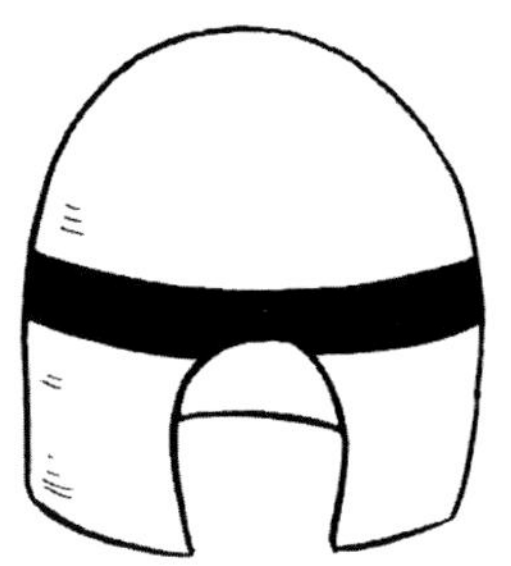

Sommer-Olympiade (1) (ab 2 Jahren)

Bei diesem Thema bietet es sich an, das Ende oder den Anfang des Kindergartenjahres mit einer großen Sommer-Olympiade für alle Familien abzuschließen bzw. einzuleiten. Die Begrüßung findet für alle gemeinsam mit einem kleinen Tanz statt. Danach geht es an einzelne Spielstationen, die jede Familie für sich bewältigen kann.

Einladung

Material:

1 runder Pappteller, 15 Eisstiele, gelbe Fingermalfarbe, Pinsel, Malkittel, Einladung (Vorlage s. u.), Kleber, 1 Schere

Arbeitsanleitung:

1. Mit der Fingermalfarbe werden der Pappteller und die Eisstiele gelb angemalt.
2. Wenn die Farbe getrocknet ist, werden die Eisstiele als Sonnenstrahlen um den Pappteller herumgeklebt.
3. Das Einladungsschreiben kopieren, ausschneiden, auf die Einladung kleben und im Kindergarten aushängen.

Kopiervorlage „Einladung“

Einladung

Wir laden alle Familien am

____

zu unserer Sommer-Olympiade in den Kindergarten ein!

Wir beginnen um _________ Uhr.
Über eine rege Teilnahme freuen wir uns sehr!

Ihr Kindergarten-Team

Sommer-Olympiade (2) (ab 2 Jahren)

Begrüßung

Material: CD-Player, CD mit der Instrumentalfassung des Ententanzes (z. B. „Electronica's Ententanz – Die Original Hit-Version aus dem Pilz Verlag)

Spielmöglichkeit: Alle Kinder stellen sich in einem Kreis auf, die Eltern stellen sich außen herum, ebenfalls in einen Kreis. Bei dem Tanz zur Einstimmung auf die Olympiade dürfen nicht nur die Kinder, sondern auch die Eltern mitmachen. Das Lied besteht aus vier Teilen und einem Refrain, dies ist sehr leicht herauszuhören. Im ersten Teil werden die Arme hochgehalten, am Ellenbogen angewinkelt und die Hände wie Entenschnäbel auf- und zugeklappt. Im zweiten Teil flattert man mit den Armen wie ein Huhn. Im dritten Teil geht man mit den Hüften wackelnd in die Knie und wieder hoch. Beim vierten Teil klatscht man vier Mal in die Hände und quakt dabei laut. Während des Refrains hakt man sich bei seinem Nachbarn ein und läuft watschelnd umeinander herum. Dieser Ablauf wiederholt sich mehrere Male. Insgesamt dauert das Lied etwa 2:30 Minuten.

Spiele für die Sommer-Olympiade

Wasserträger

Material: 2 Eimer mit Wasser, 2 Becher, 4 Pylonen, evtl. Wechselkleidung

Spielmöglichkeit: Zwei Pylonen werden im Abstand von 5 m nebeneinander aufgestellt. Etwa 20 m von diesen Pylonen entfernt, werden die anderen beiden Pylonen aufgestellt. Die vollen Wassereimer werden jeweils an die Anfangspylonen gestellt.
Immer zwei Familienmitglieder treten gegeneinander an. Die Becher werden randvoll mit Wasser gefüllt, jeder bekommt einen in die Hand. Auf ein vorher vereinbartes Kommando geht es am ersten Pylon los, um die anderen Pylonen herum zurück zum ersten. Wer war am schnellsten und wer hat noch das meiste Wasser in seinem Becher?

Wasserbombe (eine Abkühlung bei warmem Wetter)

Material: Luftballons, Wasser, 2 Äste, evtl. Wechselkleidung

Spielmöglichkeit: Die Luftballons werden mit Wasser gefüllt und gut verknotet. Die Äste werden im Abstand von etwa 5 m auf den Boden gelegt. (Je nach Alter und Geschicklichkeit der teilnehmenden Kinder kann der Abstand variiert werden.)
Zwei Familienmitglieder treten gegeneinander an und stellen sich jeweils an einem Ast auf. Sie werfen sich nun gegenseitig die Wasserbombe zu. Klappt das ohne Schwierigkeiten wird der Abstand so lange erweitert, bis einem von beiden das Fangen nicht mehr gelingt und die Wasserbombe platzt.

Muschelsuche

Material: Muscheln, 1 Stoppuhr, Sandkasten

Spielmöglichkeit: Die Muscheln werden im Sandkasten versteckt.
Es wird ein Schiedsrichter benötigt, der die Zeit misst. Auf ein vorher bestimmtes Kommando geht es los. Alle Familienmitglieder wühlen im Sandkasten und sammeln Muscheln. Sie haben dafür eine Minute Zeit. Wer hat in dieser Zeit die meisten Muscheln gesammelt?

Sommer-Olympiade (3) (ab 2 Jahren)

Früchte schmecken

Material: mehrere Schüsseln, die jeweils mit verschiedenen Früchten gefüllt sind, 1 Tisch, 2 Stühle, Papiertücher, 1 Becher mit Löffeln, 1 Becher für benutzte Löffel, 1 Augenbinde, 1 Papierkorb

Spielmöglichkeit: Die Schüsseln mit den Früchten werden auf den Tisch gestellt. Die Familienmitglieder treten nacheinander gegeneinander an. Der Erste setzt sich an den Tisch und setzt die Augenbinde auf. Ein anderer füttert ihn mit den Früchten. Man kann vorher absprechen, wie viele Früchte ein Spieler essen soll. Wem etwas nicht schmeckt, der darf es natürlich ausspucken, dafür stehen die Papiertücher bereit. Wer hat die meisten Früchte erraten können?

Froschhüpfen

Material: 2 Säcke, 10 Reifen

Spielmöglichkeit: Fünf Reifen werden hintereinandergelegt. Parallel dazu werden noch einmal fünf Reifen ausgelegt. Jeweils zwei Familienmitglieder treten gegeneinander an und steigen in die Säcke. Auf ein vorher vereinbartes Kommando geht es los. Es wird von Reifen zu Reifen gehüpft, im letzten Reifen dreht man sich herum und hüpft wieder zurück. Welcher Frosch war der Schnellste?

Weiterführende Ideen:

Jeder Teilnehmer erhält folgenden Olympiaden-Laufpass:

Der Laufpass wird für alle Teilnehmer auf feste Pappe / Tonkarton kopiert, gelocht und mit einem Band zum Umhängen versehen. Nach jedem Spiel erhält der Sieger einen Klebepunkt in seinem Laufpass. Wer aus einer Familie am Ende des Nachmittages die meisten Punkte gesammelt hat, bekommt in der Cafeteria einen Sommercocktail (Rezepte s. S. 40 – 41) als Belohnung. Neben den Kopien der Laufpässe werden verschiedenfarbige Klebepunkte benötigt, die an der jeweiligen Station an den Sieger ausgegeben werden.

Wortgottesdienst zum Abschied der Schulanfänger (1) (ab 3 Jahren)

Material:
Pinnwand, selbst gemalte Bilder zum Thema „Schule“, Heftzwecken

Vorbereitung:
Einige Kinder malen ein Bild zum Thema „Schule“. Dies kann ihre Vorfreude, aber auch ihre Sorgen und Ängste ausdrücken. Die Pinnwand wird neben den Altar gestellt, sodass sie für die Gemeinde gut sichtbar ist.

Hinführung zum Thema:
Die Gottesdienstleitung begrüßt die Gemeinde und spricht einige einleitende Worte:
„Heute feiern wir einen gemeinsamen Gottesdienst, da für einige von euch eine große Veränderung bevorsteht: Ihr seid bald keine Kindergartenkinder mehr, sondern ihr geht in die Schule! Schon seit langem seid ihr mit den Vorbereitungen beschäftigt, habt wahrscheinlich schon einen Tornister gekauft und die ersten Schulbücher bestellt. Während der ganzen Vorfreude macht ihr euch aber vielleicht auch Gedanken darüber, wie es in der Schule sein wird. Dazu haben einige von euch etwas vorbereitet.“
Einige Kinder kommen mit einem selbst gemalten Bild nach vorn zum Altar. Dort halten sie es hoch und erzählen etwas dazu, zum Beispiel:

- „Ich habe eine Lehrerin gemalt. Ich bin gespannt, wie meine Lehrerin in der Schule sein wird.“
- „Ich habe Zahlen gemalt, weil ich mich darauf freue, rechnen zu lernen.“
- „Ich habe meine Freundin gemalt. Sie bleibt noch etwas im Kindergarten. Bestimmt werde ich sie vermissen.“
- „Ich habe meinen Freund gemalt, er geht mit mir zusammen in die Schule. Hoffentlich sind die anderen Kinder auch nett.“
- „Ich habe einen Ball gemalt, weil ich mich auf das Spielen während der Pause freue.“

Jedes Kind, das mit dem Erzählen fertig ist, heftet sein Bild an die Pinnwand.

Nach jedem Bild erfolgt der Liedruf:
Das wünsch ich sehr,
dass immer einer bei mir wär,
der lacht und spricht:
„Fürchte dich nicht.“
(Text: Kurt Rose / Musik: Detlev Jöcker, aus: Das Liederbuch zum Umhängen. 100 der schönsten religiösen Kinderlieder, Menschenkinder Verlag, 2001)

Lesung: 2. Korintherbrief 5, 17

Vertiefung des Themas mit der Geschichte vom Geheimnis der kleinen Raupe – erzählt von der Gottesdienstleitung:
Eines Tages kroch eine kleine Raupe durch die Wiese. Sie flüsterte, wie zu sich selbst: „Was wird nur aus mir einmal werden?“
Das hörte auch das kleine Gänseblümchen und fragte die kleine Raupe: „Na was soll denn aus dir schon werden?“
Aber da war die kleine Raupe schon wieder weitergekrochen. Und wieder flüsterte sie, wie zu sich selbst: „Was wird nur aus mir einmal werden?“
Das hörte auch der Regenwurm und fragte die kleine Raupe: „Na was soll denn aus dir schon werden?“
Aber da war die kleine Raupe schon wieder weitergekrochen. Und wieder flüsterte sie, wie zu sich selbst: „Was soll nur aus mir einmal werden?“
Das hörte auch die wunderschöne, aber ein bisschen eingebildete Rose und auch sie fragte die kleine Raupe: „Na was soll denn aus dir schon werden?“
Aber da war die kleine Raupe schon wieder weitergekrochen.

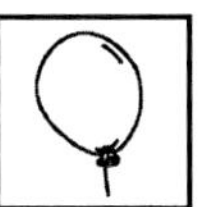

Wortgottesdienst zum Abschied der Schulanfänger (2) (ab 3 Jahren)

Irgendwann kam sie zur Brennnessel. Hier fing sie an, sich in lange Fäden einzuwickeln. Rundherum und rundherum. Immer weiter und weiter und weiter, bis sie irgendwann nicht mehr zu sehen war. Das sahen auch der Regenwurm, das Gänseblümchen und auch die Rose.
„Oje", dachten sie, „nun ist die arme Raupe gestorben. Wie schade."

Nach ein paar Tagen aber – da sah man auf einmal das kleine Bündel, wie es sich rüttelte und schüttelte. Und auf einmal öffnete es sich und heraus kam – ein wunderschöner Schmetterling! Die Brennnessel musste lächeln, als sie den Schmetterling sah: „Wusst ich's doch, dass du es schaffen kannst!"

Gebet:
Lieber Gott, du hast uns geschaffen. Jeden Menschen, jedes Tier, jede Pflanze. Jeden von uns stattest du mit Besonderheiten aus. Einige Dinge kann man direkt erkennen, einige Geheimnisse entfalten sich aber erst im Laufe des Lebens. Ob du gut rechnen, gut lesen, gut schreiben, gut malen oder aber besonders gut mit anderen Menschen umgehen kannst – du kannst dir sicher sein: Jeden von uns hat Gott mit etwas Besonderem ausgestattet!
Gott sagt auch: Ich werde dich auf deinem Lebensweg begleiten, ob du klein und schwach bist, ob es so aussieht, als würdest du nicht mehr weiterkommen; Gott ist bei dir, er gibt auf dich Acht und sorgt für dich. Dafür danken wir dir im Namen des Vaters, des Sohnes und des Heiligen Geistes. Amen.

Schlusslied:
„Guter Gott, dankeschön"
(Text und Melodie: Andreas Ebert, in: Das Kindergesangbuch, Claudius Verlag, München 2018)

Wo klopft der Specht? (ab 3 Jahren)

Material:
Klanghölzer, Augenbinde

Spielmöglichkeit:
Alle Kinder sitzen im Kreis. Eines steht mit verbundenen Augen in der Kreismitte. Die Spielleitung gibt einem Kind die Klanghölzer in die Hand. Dieses beginnt, einen Rhythmus zu klopfen, den alle anderen Kinder mitklatschen.
Das Kind aus der Mitte versucht herauszuhören, wo der Specht sitzt, und bewegt sich vorsichtig in die Richtung des Kindes mit den Klanghölzern. (Die Kinder klopfen den Rhythmus dabei weiter.)
Wenn das Kind meint, dass es vor dem Specht steht, ruft es laut: „Hier klopft der Specht!" Die anderen Kinder antworten entweder mit „Ja!" oder „Nein!". Hat das Kind den Specht noch nicht gefunden, darf es weitersuchen. Hat es ihn gefunden, darf nun der Specht in die Kreismitte. Die Spielanleitung gibt einem anderen Kind die Klanghölzer und das Spiel beginnt erneut.

Duftbeutel gegen Insekten (ab 3 Jahren)

Material:
1 Stück Stoff, 1 kleiner Teller oder 1 große Tasse als Vorlage, 1 dünnes Lederband, 1 Stopfnadel, 1 Schere, 1 Filzstift, verschiedene Kräuter oder ätherische Öle zur Insektenabwehr: Zitronenmelisse, Pfefferminze und Gewürznelken, Zedernöl, Teebaumöl, Nelkenöl, Wattebausch, 1 Mörser oder 1 Messer und 1 Schneidebrettchen

Arbeitsanleitung:

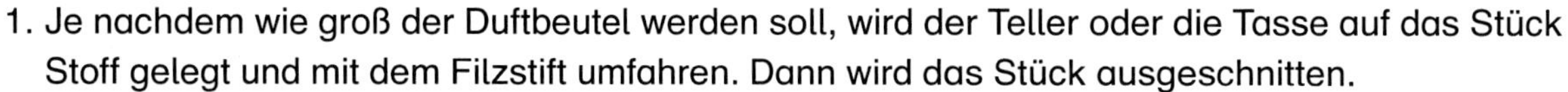

1. Je nachdem wie groß der Duftbeutel werden soll, wird der Teller oder die Tasse auf das Stück Stoff gelegt und mit dem Filzstift umfahren. Dann wird das Stück ausgeschnitten.

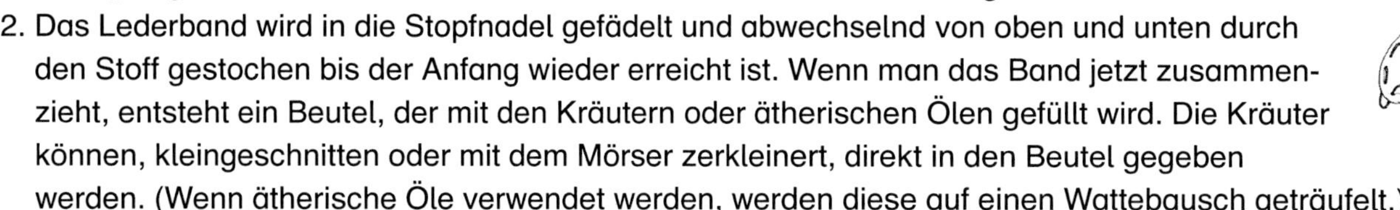

2. Das Lederband wird in die Stopfnadel gefädelt und abwechselnd von oben und unten durch den Stoff gestochen bis der Anfang wieder erreicht ist. Wenn man das Band jetzt zusammenzieht, entsteht ein Beutel, der mit den Kräutern oder ätherischen Ölen gefüllt wird. Die Kräuter können, kleingeschnitten oder mit dem Mörser zerkleinert, direkt in den Beutel gegeben werden. (Wenn ätherische Öle verwendet werden, werden diese auf einen Wattebausch geträufelt.)

Kräutersäckchen können umgehängt werden, Duftsäckchen, die mit ätherischen Ölen gefüllt sind, eignen sich eher, um sie ins Fenster zu hängen. (Wenn der Körper mit den Ölen in Berührung kommt, können allergische Reaktionen auftreten, deshalb werden sie nicht um den Körper gehängt.)
Wenn der Duft nachlässt, können die Beutel wieder neu befüllt werden.

Hinweis:
Zusätzliche Hinweise, wie man sich kleine Insekten vom Leibe halten kann, sind in den Vorbemerkungen und Arbeitshinweisen ab Seite 3 zu finden.
Hier ist auch vermerkt, welche Düfte gegen welche Tieren helfen.

Streicheleinheiten aus der Natur (ab 4 Jahren)

Material:
Korb mit verschiedenen Naturmaterialien wie Federn, Moos, Muscheln, Ästen, Blättern …, CD-Player, Entspannungsmusik, Matten oder Decken

Spielmöglichkeit:
Auf einem Spaziergang werden Naturmaterialien gesammelt. Im Kindergarten wird besprochen, was alles gefunden wurde.

Anschließend finden sich immer zwei Kinder zusammen. Eines legt sich auf eine Matte und schließt die Augen. Dann wird die Musik leise abgespielt. Das zweite Kind nimmt einen beliebigen Gegenstand aus dem Korb und fängt an, seinen Partner damit zu streicheln. Dabei sind alle Körperstellen, außer dem Gesicht, so lange erlaubt, wie das liegende Kind dies als angenehm empfindet. Sind Berührungen unangenehm oder sollen bestimmte Körperstellen nicht berührt werden, darf dies natürlich immer geäußert werden.

Sobald die Musik ausgeschaltet worden ist, versteckt das streichelnde Kind den Gegenstand hinter seinem Rücken. Das liegende Kind öffnet die Augen und soll erraten, womit es gestreichelt worden ist.

BVK • Jenny Hütter: Kita aktiv „Projektmappe Sommer“

Meditation mit der Muschel (ab 3 Jahren)

Material:
1 Korb mit vielen verschiedenen Muscheln, CD-Player, Entspannungsmusik, 1 Holzreifen

Spielmöglichkeit:
Die Kinder sitzen im Kreis um den Holzreifen herum. Leise wird Entspannungsmusik abgespielt.
Der Muschelkorb wird neben den Reifen gelegt. Das erste Kind kommt leise in die Mitte, nimmt sich eine Muschel und setzt sich wieder an seinen Platz. Nacheinander sind nun alle Kinder an der Reihe und dürfen sich eine Muschel aussuchen.
Der Reihe nach darf jedes Kind etwas von „seiner" Muschel erzählen. Jüngere Kinder können zu solchen Erzählungen angeleitet werden, indem sie Fragen gestellt bekommen wie zum Beispiel: Wie sieht deine Muschel aus? Welche Form hat sie? Welche Farbe hat deine Muschel? Hast du so eine Muschel schon einmal am Strand gesehen? Was gefällt dir besonders gut an der Muschel? Weshalb hast du dir diese Muschel ausgesucht? …
Nach der Erzählung darf die Muschel in die Kreismitte in den Holzreifen gelegt werden. Auf diese Weise entsteht ein schönes Muschel-Mandala.
Wenn alle Muscheln im Reifen liegen, wird das entstandene Mandala noch ein wenig betrachtet. Eventuell kann die Erzieherin hier noch einmal ein Gespräch anleiten: Wie sieht unser Muschel-Mandala aus? Hat es eine bestimmte Form angenommen? Würdet ihr eure Muschel wiedererkennen?

Hinweis:
Im Anschluss daran kann die Erzieherin den Kindern das untenstehende Mandala zum Ausmalen anbieten.

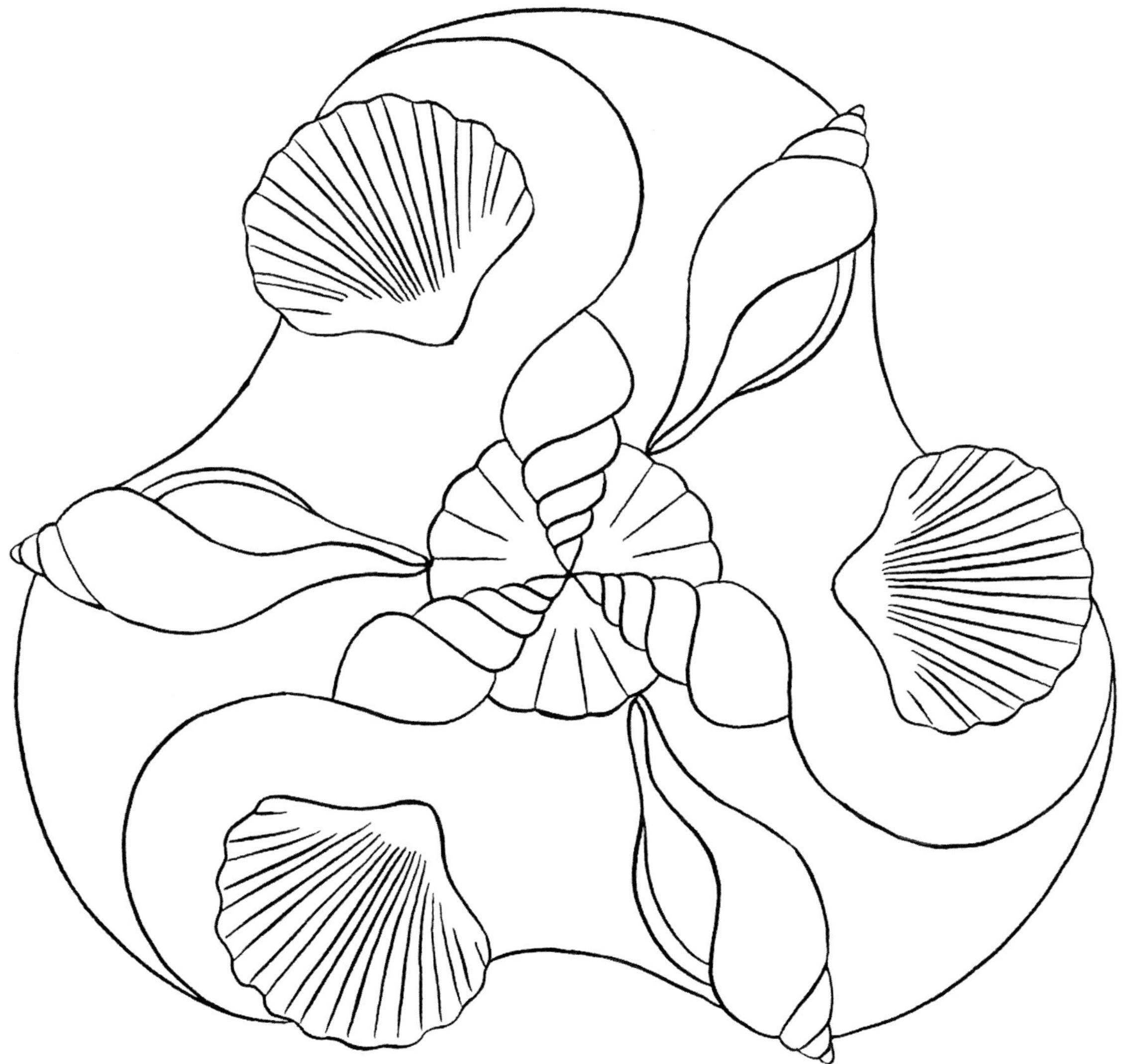

Verirrte Ameise (ab 4 Jahren)

Die Ameise hat sich verlaufen und sucht den Weg zurück zu ihrem Ameisenhaufen.
Hilf ihr dabei, indem du mit einem Bleistift den Weg einzeichnest, ohne die obere oder die untere Linie zu berühren.

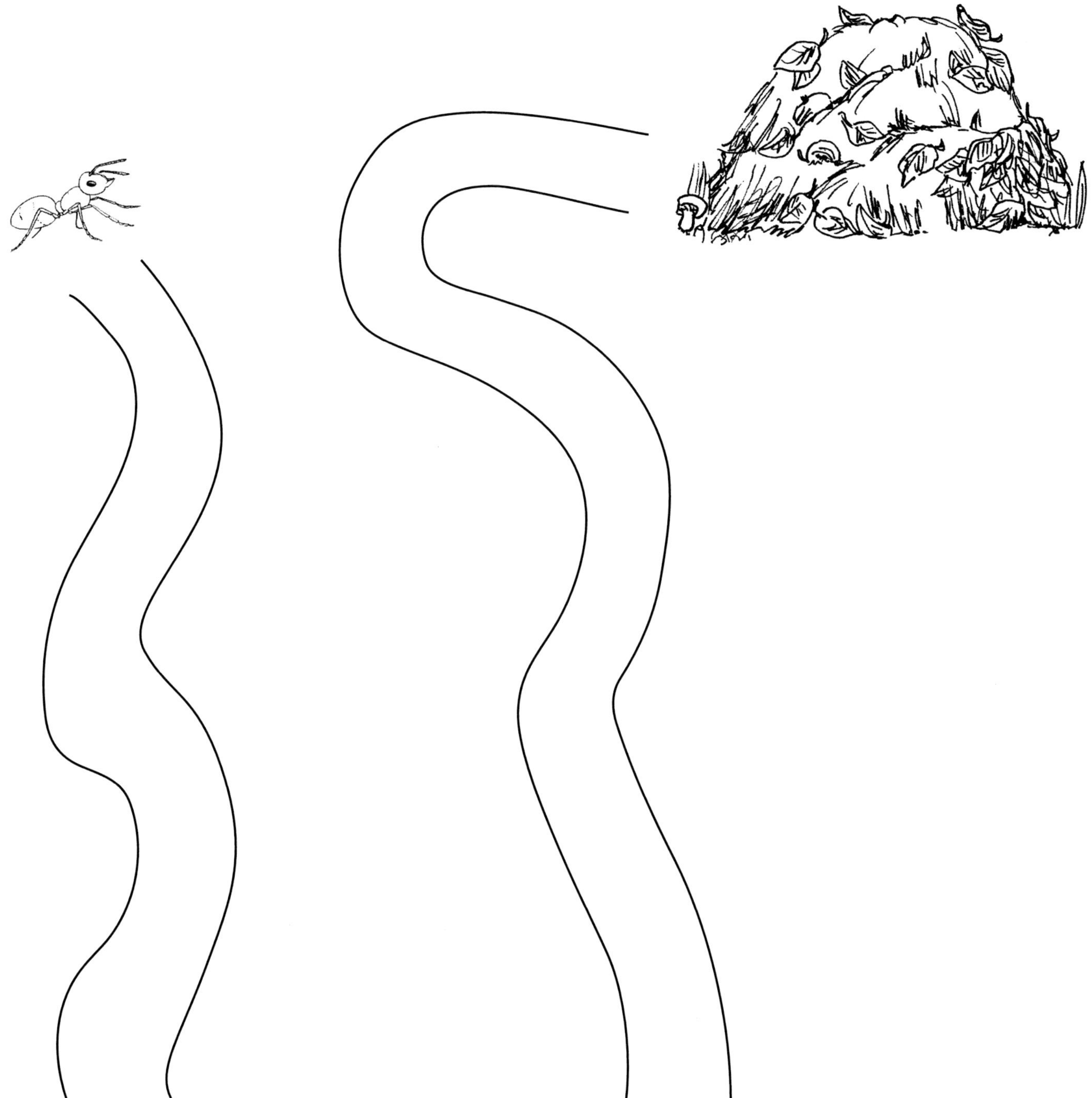

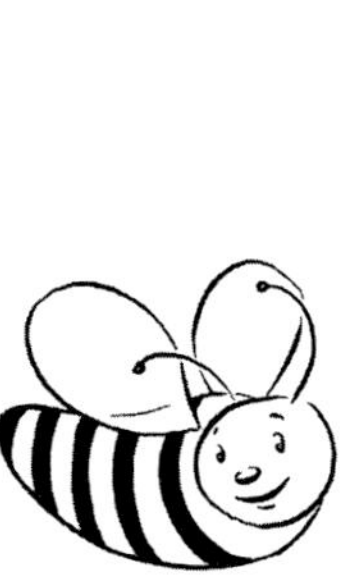

Welche Tiere gehören dazu? (ab 4 Jahren)

Verbinde die Tiere mit ihren jeweiligen Fußspuren.
Male die Tiere mit ihren natürlichen Farben an.

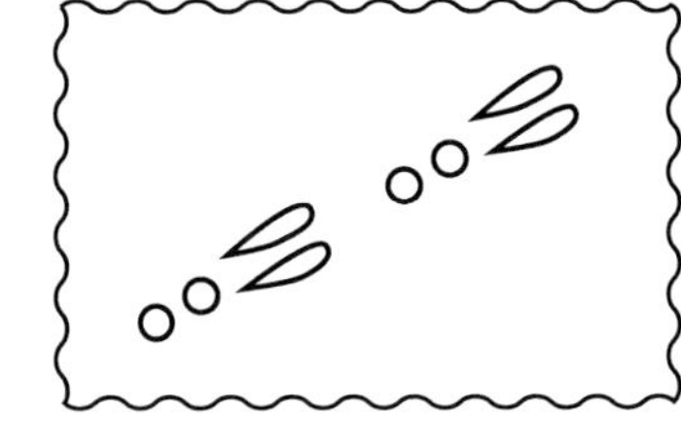

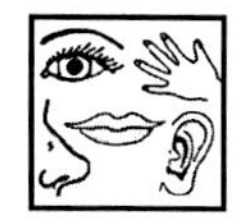

Die hüpfende Kröte (ab 4 Jahren)

Die Kröte möchte gerne zur Seerose hüpfen. Hilf ihr dabei, indem du ihre Sprünge ✏ weiterzeichnest.

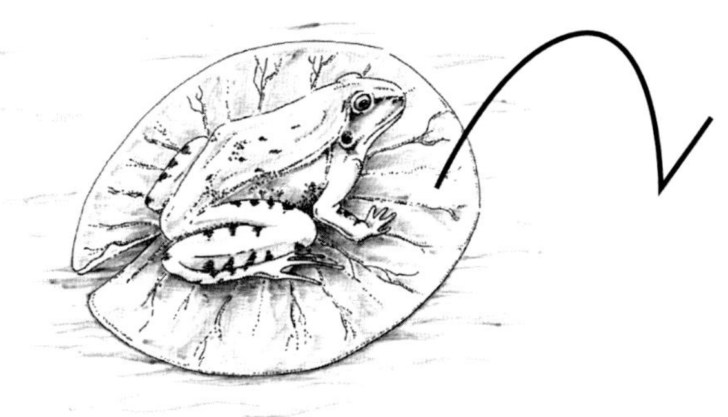

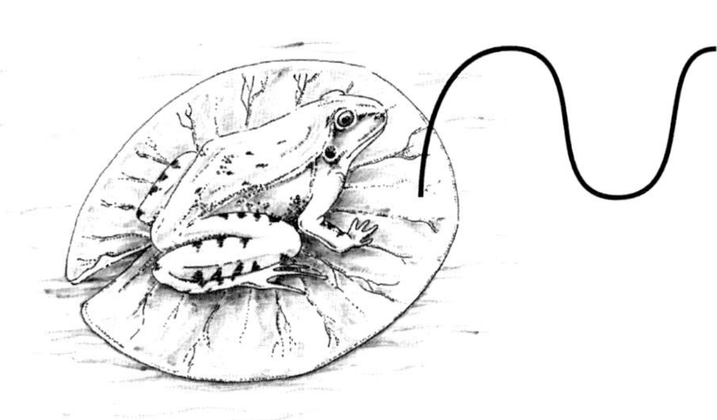

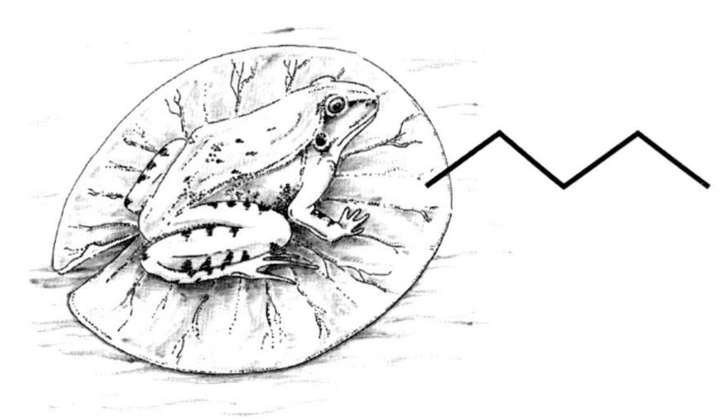

Spielekette „Hurra, der Sommer, der ist da!“ (1) (ab 3 Jahren)

Material:

1. Barfuß-Parcours:	1 langes Seil (etwa 10 m, alternativ können mehrere kurze Seilchen aneinandergeknotet werden), Gras oder Heu, Sand, Kies, Äste, Blätter, Augenbinden
2. Tiere im Sommer:	2 Pylonen
3. Klotz am Bein:	Luftballons, Wasser, Kordel
4. Wasserkanone:	2 gleiche Wasserpistolen, 2 leere Eimer, 2 Eimer mit Wasser
5. Suchspiel:	verschiedene Obst- und Gemüsesorten (von jeder Sorte zwei), 2 leere Körbe, 1 blaues Band, 1 rotes Band, 1 Uhr

Vorbereitung:

Alle Spiele werden im Freien durchgeführt. Für den Barfuß-Parcours empfiehlt es sich, zwei Erzieherinnen zur Betreuung dabei zu haben (eine führt die Kinder an den Anfang, eine unterstützt die Kinder beim Parcours).

1. Barfuß-Parcours:	Im Abstand von etwa 1 m werden die verschiedenen Materialien auf einer Fläche von etwa 1 x 1 m angehäuft. Ein langes Seil wird über die Materialien gelegt, an diesem krabbeln die Kinder entlang. Am Anfang und am Ende des Barfuß-Parcours wird das Seil zum Beispiel an einem Baum verknotet, sodass es nicht wegrutschen kann.
2. Tiere im Sommer:	2 Pylonen werden im Abstand von etwa 5 m aufgestellt.
3. Klotz am Bein:	Die Luftballons werden mit Wasser gefüllt und gut verknotet. An jedem Ballon wird eine Kordel befestigt.
4. Wasserkanone:	Die Wassereimer werden mit einem Abstand von 2 m aufgestellt und die Wasserpistolen danebengelegt. Davor werden, im Abstand von etwa 5 m, die leeren Eimer aufgestellt.
5. Suchspiel:	Das Obst und Gemüse wird an verschiedenen Stellen im Außengelände versteckt. Beide Körbe werden mit je einem Band versehen.

Durchführung:

Die Erzieherin erzählt den Kindern, dass sie heute den Sommer entdecken gehen. Sie fragt die Kinder, wo man den Sommer denn finden könnte. Die Kinder kommen bestimmt schnell darauf, dass der Sommer draußen zu finden ist, und können erzählen, was zum Sommer dazugehört. Nun geht es gemeinsam auf Sommer-Entdeckungstour:

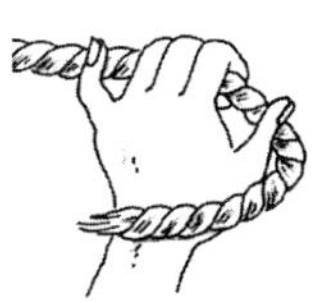

1. Barfuß-Parcours:

An unserer ersten Station möchten wir den Sommer mit Händen und Füßen erspüren. Dazu müssen natürlich Schuhe und Strümpfe ausgezogen werden. Jedes Kind bekommt eine Augenbinde. (Alternativ können ängstliche Kinder auch einfach die Augen schließen.) Nacheinander werden die Kinder von der Erzieherin zum Anfang geführt, wo sie mit den Händen ein Seil ertasten. An diesem Seil entlang können die Kinder durch den Parcours hindurchkrabbeln. Am Ende der Station (wenn das Seil endet) dürfen die Kinder selbstständig die Augenbinde abnehmen und sich den Parcours ansehen, natürlich ohne die anderen Kinder, die noch durch den Parcours krabbeln, zu stören.

Haben alle den Parcours bewältigt, dürfen sich die Kinder äußern:

- Wie habt ihr euch gefühlt, als ihr allein hindurchgekrabbelt seid?
- Sieht der Parcours genauso aus wie ihr ihn euch vorgestellt habt?
- Was hat sich an eurem Körper gut angefühlt? Was hat sich nicht so gut angefühlt?

Spielekette „Hurra, der Sommer, der ist da!“ (2) (ab 3 Jahren)

2. Tiere im Sommer:
Die Erzieherin fragt die Kinder, welche Tiere es im Sommer zu entdecken gibt. Dann einigen sich alle auf ein Tier. Die Aufgabe ist nun, wie das entsprechende Tier von dem ersten bis zum zweiten Pylon zu laufen und dabei passende Geräusche zu machen. Diese Aufgabe wird mit verschiedenen Tieren durchgeführt.

3. Klotz am Bein:
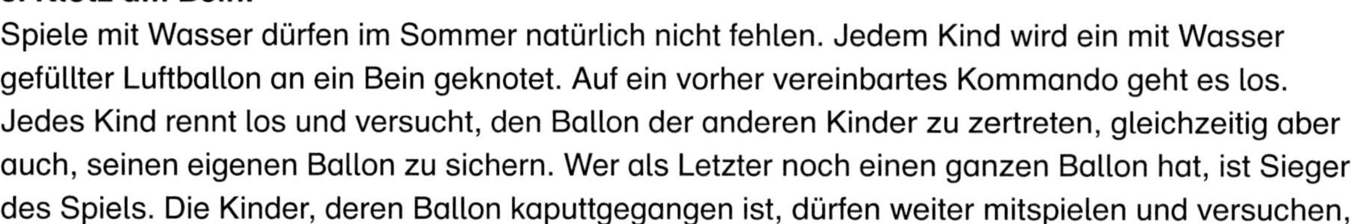
Spiele mit Wasser dürfen im Sommer natürlich nicht fehlen. Jedem Kind wird ein mit Wasser gefüllter Luftballon an ein Bein geknotet. Auf ein vorher vereinbartes Kommando geht es los. Jedes Kind rennt los und versucht, den Ballon der anderen Kinder zu zertreten, gleichzeitig aber auch, seinen eigenen Ballon zu sichern. Wer als Letzter noch einen ganzen Ballon hat, ist Sieger des Spiels. Die Kinder, deren Ballon kaputtgegangen ist, dürfen weiter mitspielen und versuchen, die anderen Ballons zu zertreten.

4. Wasserkanone:
Die Kinder werden in zwei gleich große Gruppen aufgeteilt. Jede Gruppe stellt sich an einen Wassereimer. Das erste Kind nimmt auf ein vorher vereinbartes Kommando die Wasserpistole und füllt sie mit Wasser. Dann rennt es zu dem leeren Becher und schießt das Wasser dort hinein. Anschließend läuft es zurück zu seiner Gruppe und gibt die Wasserpistole an das nächste Kind, das nun an der Reihe ist, weiter. Welche Gruppe schafft es als erste, ihren Becher zu füllen?

5. Suchspiel:
Die Kinder werden in zwei gleich große Gruppen aufgeteilt. Jede Gruppe bekommt einen leeren Korb, der bei der Erzieherin abgestellt wird. Die beiden Gruppen haben nun die Aufgabe, möglichst viele Früchte zu sammeln. Doppelt eingesammlte Früchte müssen wieder zurück an ihren Platz gebracht werden. Welche Gruppe hat nach fünf Minuten die meisten Früchte gesammelt?

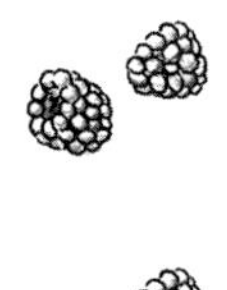

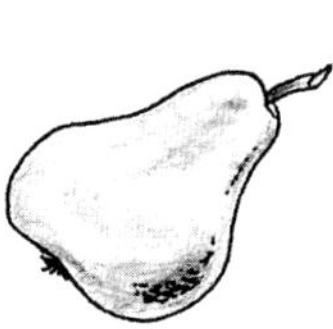
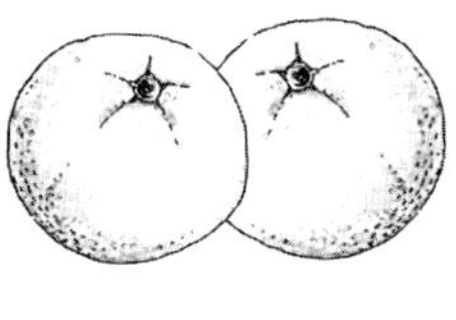

BVK • Jenny Hütter: Kita aktiv „Projektmappe Sommer“

Ich bin 'ne kleine Schnecke (ab 2 Jahren)

Text und Melodie: überliefert

Spielmöglichkeit:
Alle Kinder sitzen im Kreis. Eines wird zum Schneckenkopf ernannt und stellt sich in die Kreismitte. Gemeinsam wird das Lied gesungen. Den letzten Teil des Liedes darf der Schneckenkopf allein singen und sich ein Kind in die Mitte wünschen. Die beiden halten sich an einer Hand fest, während das Lied erneut gesungen wird. Nach und nach kommen immer mehr Kinder dazu, die sich kreisförmig um den Schneckenkopf winden. Zum Schluss wird das Lied nur noch bis „[...] es muss schon einer bei mir sein." gesungen, woraufhin sich der Schneckenkopf in Bewegung setzt und sich die Schnecke wieder auflöst.

Wir spielen gemeinsam Seifenblasentennis (ab 4 Jahren)

Material:
2 Eimer mit Seifenblasenwasser, stabiler Draht (zwei Mal etwa 40 – 50 cm), Pfeifenputzer

Vorbereitung:
Zunächst werden aus dem Draht die Tennisschläger angefertigt. Dazu wird der Draht zu einem großen, geschlossenen Ring mit einem Griff gebogen. Der Ring wird mit den Pfeifenputzern umwickelt (daran bleibt die Seifenlauge besser haften).

Spielregeln:
Zwei Spieler stellen sich nun mit ihrem Eimer und dem Schläger gegenüber voneinander auf. Der Erste tunkt seinen Ring in die Seifenlauge und pustet diese vorsichtig zu seinem Gegenüber. Dieser versucht, mit seinem Schläger die Seifenblase zurückzuspielen, ohne dass diese platzt.

Die Neuen in der Kita (ab 4 Jahren)

Heute ist der erste Kindergartentag nach den Ferien. Lars freut sich schon sehr, endlich alle seine Freunde wiederzusehen und mit ihnen zu spielen!
In der Kita wird Lars schon freudig von Sebastian, Dilara, Jona, Isabelle und Sahil begrüßt. Nur Christoph und Fatih fehlen, aber die beiden sind schon groß und gehen jetzt in die Schule. Lars verabschiedet sich noch schnell von seinem Vater, der ihn in den Kindergarten gebracht hat, und verschwindet dann auf direktem Wege mit seinen Freunden in die Bauecke. Schnell sind sie in ihr Spiel vertieft.
Auf einmal hören sie lautes Schreien und Weinen. „Nanu, was ist denn da los?“, fragt Lars. „Na heute kommen doch die Neuen“, antwortet Sebastian abfällig, „du weißt schon, die Babys!“ „Ach ja, stimmt ja“, meint Lars.
Neugierig schauen sie nach, was in der Gruppe los ist. Sie waren so in ihr Spiel vertieft gewesen, dass sie gar nicht mitbekommen haben, dass die fünf neuen Kinder hereingekommen sind. Drei von ihnen stehen schüchtern an der Seite und schauen sich um, aber zwei von den Neuen schreien und weinen sehr laut. Ihre Erzieherin Klara hat alle Hände voll zu tun, die Kleinen zu beruhigen, zu trösten und abzulenken. „Pah“, meint Lars, „was für ein Geschrei! Hoffentlich hören die irgendwann wieder auf mit dem Geplärre!“ Aber es geht den ganzen Tag so weiter. Lars und seine Freunde machen sich ziemlich lustig über die Neuen.*
Als der Tag zu Ende geht, werden alle Kinder abgeholt. Zu Hause erzählt Lars seinen Eltern vom ersten Tag nach den Ferien. Dabei lässt er natürlich auch die schreienden neuen Kinder nicht aus, die ihm den ganzen Tag lang gehörig auf die Nerven gegangen sind. „Aber, aber“, unterbricht ihn da sein Vater, „weißt du noch, als du letztes Jahr neu in die Kita gekommen bist? Du hattest wahnsinnige Angst, uns nicht wiederzusehen, und hast geschrien und getobt, weil du nicht dortbleiben wolltest.“ Lars wird nachdenklich. „Ehrlich, habe ich auch so geschrien und geweint?“ „Oh ja, das hast du! Wir hatten ein richtig schlechtes Gewissen, dich dort zu lassen. Aber irgendwann hast du dich ja mit Christoph und Fatih angefreundet, den Großen. Die haben dir alles gezeigt und erklärt und von da an bist du immer gerne in den Kindergarten gegangen.“
Lars senkt den Kopf. Jetzt, wo seine Eltern es ihm erzählt haben, kann er sich plötzlich daran erinnern, wie die ersten Tage im Kindergarten waren. Das Gefühl, so ganz allein zu sein. Keine Freunde, keine Eltern in der Nähe. Lars bekommt ein richtig schlechtes Gewissen, weil er sich so über die Kleinen lustig gemacht hat.
Am nächsten Tag erzählt er seinen Freunden im Kindergarten, was ihm seine Eltern erzählt haben. Gemeinsam beschließen sie, den Kleinen heute zu helfen, sich in der Kita wohlzufühlen. Als die ersten Neuen ankommen, staunt ihre Erzieherin Klara nicht schlecht, als „die alten Kindergartenhasen“ auf die Neuen zugehen, sie an die Hand nehmen und mit ihnen zusammenspielen wollen. Und siehe da, die Neuen weinen heute nur ganz kurz und haben dann mächtig Spaß, mit den Großen zusammen zu spielen.

Fragen zur Vertiefung der Geschichte:

* An dieser Stelle kann die Geschichte für folgende Fragen unterbrochen werden:
- Wie würdest du reagieren, wenn andere Kinder weinen?
- Warum weinen die Kinder?
- Hast du dich auch schon einmal so gefühlt? Was hast du in dieser Situation gemacht?
- Würdest du andere Kinder, die weinen, auch auslachen?
- Wie kann man anders reagieren?

Am Ende der Geschichte eignen sich folgende Fragen zur Vertiefung:
- Bald kommen auch wieder neue Kinder zu uns in die Kita.
  Was meint ihr, wie werden sich die Neuen fühlen?
- Was können wir tun, damit sie sich bei uns wohlfühlen?